用图片说历史
PICTURE HISTORY
纸上博物馆系列

从希腊诸神到最后的审判

揭露光芒万丈的神话与传说故事

（中国台湾）许汝纮　编著

海南出版社
·海口·

用图片说历史：从希腊诸神到最后的审判，揭露光芒万丈的神话与传说故事
许汝纮著
中文简体字版 © 2018 年，由 海南出版社有限公司出版。
本书由信实文化行销有限公司正式授权，经由凯琳国际文化代理，由海南出版社有限公司出版中文简体字版本。非经书面同意，不得以任何形式任意重制、转载。

版权合同登记号：图字：30–2018–008 号

图书在版编目（CIP）数据

用图片说历史：从希腊诸神到最后的审判，揭露光芒万丈的神话与传说故事 / 许汝纮编著 . -- 海口：海南出版社，2019.1

ISBN 978-7-5443-8435-3

Ⅰ . ①用… Ⅱ . ①许… Ⅲ . ①欧洲 – 历史 – 通俗读物 Ⅳ . ① K500.09

中国版本图书馆 CIP 数据核字 (2018) 第 193192 号

用图片说历史：
从希腊诸神到最后的审判，揭露光芒万丈的神话与传说故事

作　　者：许汝纮
监　　制：冉子健
丛书策划：冉子健
责任编辑：晏一群
封面设计：PAGE.11 qq:779513274
责任印制：杨　程
印刷装订：天津联城印刷有限公司
读者服务：武　铠　郄亚楠
出版发行：海南出版社
总社地址：海口市金盘开发区建设三横路 2 号　　邮编：570216
北京地址：北京市朝阳区黄厂路 3 号院 7 号楼 102 室
电　　话：0898-66830929　010-87336670
投稿邮箱：hnbook@263.net
经　　销：全国新华书店经销
出版日期：2019 年 1 月第 1 版　2019 年 1 月第 1 次印刷
开　　本：787mm × 1092mm　1/16
印　　张：18.5
字　　数：305 千
书　　号：ISBN 978-7-5443-8435-3
定　　价：78.00 元

目　录

CHRISTIAN MYTHOLOGY

基督教神话

出版序

阅读是一件愉悦的事情，尤其是阅读历史。

历史告诉我们什么是文化，什么是真理，什么是人性的善美，什么是人类思想的真谛。“用图片说历史”系列，试图将历史与艺术、生活紧密连成一个以图像思考的拼图，让轻松的文字和图像的佐证，产生对话。

本书是“用图片说历史”系列的第一本书，通过文字与图片的对话，通过神话的历史，为读者塑造一个对久远的美好时代的想象，浪漫又灿烂、美丽而哀愁。因此，我们想象中的神话有了着力点，借着艺术家的思维和双手，真真切切地上演了一幕幕精彩的戏码，让我们发现在不同时代中，人们看待神话与传说的不同思维。

本书包含两个重要的神话主题：希腊神话与基督教神话。一个是源自于克里特岛的传说，一个是发源于罗马帝国暴政下而逐渐衍生出的心灵慰藉。希腊神话中的诸神有着鲜活的七情六欲，张扬又潇洒。基督教神话中清苦禁欲的宗教形象与氛围，庄严又意义深远。借着文字的引领与图片的转换，让一个个神话中的人物，有了华丽的舞台。受限于篇幅，本书或有诸多不够周全之处，由衷地期待您的指正，也盼望“用图片说历史”系列丛书的规划，能获得您的青睐。

生活中不能缺少的许多美好事物，比如音乐、艺术、建筑、文学，它们之间息息相关，借着阅读、倾听、思索，形成一股大家坚持、信守的文化力量。感谢您长期以来对华滋出版的支持与鼓励，这是我们向前迈进的最大动力。

许汝纮

华滋出版 总编辑

前　言

无与伦比的壮丽史诗

——在波澜壮阔与庄严神圣的传说中，倾听远古时代的神话回音

在西洋美术的绘画雕塑艺术史上，最大的主题分类，大致可以分成：希腊神话、基督教神话、各类民族神话传说、历史主题及风俗画等。

其中希腊神话（后被借为罗马神话）和基督教神话，历来是艺术家们最喜欢创作的主题，对欧洲艺术的发展而言，更像是争奇斗艳、并驾齐驱的两匹骏马，为人类的文化史留下了重要的印记。

神话，是人类启蒙时期企图探索自然、解释自然现象的思维结果。闪电、雷鸣、春夏秋冬、生老病死、七情六欲，都被创造出能左右乾坤的诸多神祇。古希腊诸神及英雄们，并非神圣不可侵犯，也不具有宗教气氛极浓的离奇幻觉，而是美丽、诙谐、幽默、有情绪的，甚至残酷无比，但鲜活却也血淋淋地呈现着人类的本性，具有强烈的感染力。基督教神话则截然不同，那是人们在面临悲惨的现实下，逐渐衍生出的情绪呈现。他们因屈从于今生的悲剧，便祈求来世的幸福，试图从缥缈的希望中解脱，减轻现实生活所带来的苦难，而他们所寻求的精神寄托，最后形成了宗教信仰。

波澜壮阔的希腊神话

希腊神话的起源很早，有些神话在公元前 3000～公元前 1500 年的“克里特—迈锡尼文化时期”便已形成，之后更由许许多多散落在爱琴海诸岛、地中海东部希腊大陆各城邦国家的神话传说，长期、缓慢地汇聚而成。

当时文化最发达的国家便位于爱琴海的克里特岛。克里特岛的神话传说，对整

个希腊神话的形成具有一定的影响力。诸神之王宙斯在克里特岛长大，克里特国王米诺斯是宙斯的儿子，死后成为冥国的判官，而神话中关于英雄忒修斯的故事，与考古发现的古迹、文物紧紧呼应，甚至连克里特岛上的克诺索斯宫遗迹，都被认为是神话中的巧匠代达罗斯所建的“迷宫”。其他诸如伊阿宋夺取金羊毛、特洛伊战争等，以及从希腊神话过渡到罗马神话的丰富内容，都是文学、艺术、雕塑、建筑中无法忽视的重要题材。

希腊神话具有激励奋发、追求美好的力量，营造着一种悲壮的人性氛围。普罗米修斯、赫拉克勒斯等英雄形象，在欧洲的文学艺术中成为反抗黑暗、向往光明的象征。太阳神阿波罗是光明、正义、艺术和青春的象征。雅典娜是智慧、勇敢和贞洁的集合体。普罗米修斯创造了人类，又给予人类象征生存与光明的“火”，直到现在，人们都难以忘却他在高加索山上遭受 3 万年之久的酷刑。这些在神话中被创造出来的一个个伟大人物，为欧洲浪漫主义运动留下了不灭的绝唱。许多的祝祭活动、体育竞技、文艺表演等盛典，依旧流传至今。震撼整个古代希腊大陆的第一届奥林匹克节庆，在公元前 776 年的雅典揭幕，它标志着希腊文化进入了一个辉煌阶段。

罗马帝国在公元前 146 年侵占希腊，一跃成为称霸地中海、爱琴海的世界强国。新兴的罗马帝国极度崇尚古希腊文化，这个在历史上被称为“希腊文化传播期”的时代，直接将罗马神话嫁接在希腊神话的内涵上。宙斯直接被更名为朱庇特，赫拉被更名为朱诺，雅典娜被更名为密涅瓦，阿佛洛狄忒被更名为维纳斯，等等。罗马建城的传说，更是特洛伊战争的延续。随着罗马帝国在欧洲的霸权扩张和拉丁文化的广泛传播，人们对罗马神话可能远比希腊神话更加熟悉。

《荷马史诗》中的《伊利亚特》和《奥德赛》，就诞生在这个时代。这两部史诗，与考古发掘出的文物相对照，证明了《荷马史诗》确实是被艺术化的口传历史，史称“荷马时代”。赫西俄德的长篇叙事诗《神谱》是最早的一部系统的神话著作，从此，希腊神话成为千百年来艺术家们取之不尽的创作源泉。

欧洲美术史上几乎没有一个画家或雕塑家对希腊神话采取漠视的态度。自文艺复兴以来，希腊神话已经成为主要的艺术题材之一。他们崇拜古代希腊的民主精神、文化艺术，想象着古希腊和罗马时代的文化辉煌。恩格斯曾经说过：“拜占庭灭亡时所抢救出来的手抄本，罗马废墟中所挖掘出来的古代雕刻，在惊讶的西方面前展示了一个新世界——古代的希腊。意大利出现了前所未见的艺术繁荣，这种繁荣就像是古典时代的重现。”而所谓的“文艺复兴”，其实就是古代希腊、罗马文艺的再兴起。

在文学上，出现了但丁、薄伽丘等诗人和作家，在绘画和雕塑艺术上的表现更为突出，诸如波提切利、拉斐尔、米开朗基罗、提香、丁托列托等艺术家，对希腊神话题材的卓越描绘，出类拔萃。

到了17、18世纪，鲁本斯、凡·戴克、伦勃朗、委拉斯凯兹、普桑、卡拉瓦乔、贝利尼等艺术家，都曾以希腊神话故事为题材，留下了不朽的作品。19世纪初期，古典主义与浪漫主义的交锋，对希腊神话的表现方法进行了变革。将古典主义画家如安格尔、卡诺瓦等人的作品，与浪漫主义画家如杰利柯、德拉克洛瓦的作品相比较，就可以发现他们对希腊神话的解释存在着极大的分歧。到了20世纪初，多元走向的艺术思潮，更使希腊神话获得了宣泄人性的发展生机。罗丹的雕塑，马奈、雷诺阿、雷东、克里姆特等画家的作品，甚至是毕加索等抽象主义画家，都对希腊神话做了个性张扬、自由挥洒的艺术阐释。

庄严神圣的基督传说

基督教产生于公元前1世纪的罗马帝国东方各行省（相当于现在的以色列、巴勒斯坦、伊朗、叙利亚以及埃及一带）。当时，生活在罗马帝国残酷统治下的人民，曾经掀起过声势巨大的暴动。历史上著名的西西里奴隶的两次暴动、斯巴达奴隶起义，都曾经动摇过罗马帝国的统治。然而，这些暴动最后都遭到了统治阶级的残酷镇压，成千上万的奴隶被钉死在十字架上。面对悲惨的现实，人们逐渐将精神寄托在宗教信仰上。心灵上的安慰，成为消极对抗社会不公的宗教形式，从精神上摆脱罗马帝国的残暴统治。这时一个降临世间的神秘“弥赛亚”死而复活的神话传说，由信徒们口口相传，他们坚信罗马帝国的末日即将来临，并将受到上帝的审判，一个平等幸福的世界已为时不远。“弥赛亚”以“神子”的方式，造就了耶稣的形象。

有关耶和华的神话，现保存在《旧约》中。有关耶稣的神话，则保存在《新约》的《四福音书》里。在《新约·启示录》里，它以神话性质的文学描写狠狠地咒骂了罗马帝国，尤其是对残暴的尼禄王。信徒们在教会里宣泄着对罗马帝国的仇恨。

耶稣到世间为人赎罪、受苦，最后被害、复活、升天，与上帝同坐宝座审判世人。这些故事得到文学家和画家的形象再现，从此，教堂建筑和宗教绘画雕塑成为热门艺术。中世纪的拜占庭正教在宗教仪式的形成、宗教建筑和绘画形式的创建上，有着十分重要的奠基地位。圣母、圣子和圣徒的形象，在拜占庭的壁画、镶嵌画上得到了确定。

作为一个神话故事，耶稣的一生是值得同情、称道的。人文主义画家重新诠释并创造了耶稣的形象。这是文艺复兴时期画家们在艺术思考上的收获，与教会宣传或受雇于教会的圣像画家的作品，没有共同之处。无论从社会学或是艺术的角度来看，宗教艺术除了具有绘画、雕塑艺术本身的创作规律和美学价值外，不可避免地受制于宗教教规、经书的阐释和宗教派别的布道需要，以及宗教建筑对于创作形式上的约束。

文艺复兴初期的宗教画家契马布耶、乔托等人的作品，已有别于拜占庭的宗教画。随着人文主义思潮的发展，尤其是古代希腊、罗马文化的再发现，使得文艺复兴中后期的画家对基督教神话题材的处理，渗入了崭新的思维。画家以人文主义思想为准则，在《圣经》中找寻有明显反礼教色彩的题材，例如，耶稣拯救抹大拉的玛利亚和耶稣赦免罪妇、莎乐美等，都是能带给人们新思想启蒙的故事。

然而，彻底打破传统宗教绘画创作陋规的，是 18 世纪开始的工业革命所带来的科学观，以及浪漫主义艺术运动对宗教艺术的冲击。当欧洲社会迅速步入资本主义世界之后，宗教建筑出现了划时代的变化，淡化了传统模式而向一般建筑形式靠拢。当高更于 1889 年画了《黄色的十字架》，当梵高把“基督在以马忤斯”的传统题材阐释成荷兰矿区工人的家庭生活写照之后，随即产生了一批完全平民化的，或把基督及其门徒转换成平民的创作风潮。

从拜占庭正统教义绘画，到 20 世纪出现的抽象主义宗教绘画和教堂装饰中，可以明显地看出，宗教教规和经书阐释已经淡薄了许多。

希腊神话

GREEK MYTHOLOGY

Gods of Olympus

奥林匹斯神族

所有的故事，都是从弑父篡位开始的。

在宇宙还没有形成之初，一切都是杂乱无序的状态，只有广阔无垠的混沌，黑漆漆一片。在希腊神话里，混沌之初是由一位叫作卡俄斯的神和他的妻子倪克斯所统治的。时间久了之后，他们两个人便开始厌倦这种无止境的统治，于是叫来他们的儿子厄瑞玻斯（黑暗化身）来代替他们执政。厄瑞玻斯是个有野心的人，他伺机推翻父亲自立为王，还强娶了自己的母亲，生下了两个象征光明的儿子。后来这两个儿子也有样学样地推翻了父亲厄瑞玻斯，统治了世界。

这时，卡俄斯的混沌王国算是真正地彻底瓦解了，轻的上升为天，重的下沉为地，地下为黑暗的塔尔塔洛斯，宇宙初具了规模。这个时候，成形于卡俄斯王朝的神灵厄洛斯创造了俄刻阿诺斯（海神）与盖亚（地神），并给广袤的大地创造了树木花卉、飞禽走兽等动植物。

大地的母亲盖亚，生出了天神乌拉诺斯。乌拉诺斯又与母亲生了 12 个泰坦（即第一代神族），为了避免他们长大后和自己争夺王位，于是乌拉诺斯把 12 个泰坦，一个一个地抛入黑暗的塔尔塔洛斯里。

后来，泰坦之一的克洛诺斯（罗马神名为：萨图尔努斯）在塔尔塔洛斯聚众叛变，推翻了父亲乌拉诺斯，夺得王位，并且与他的妹妹瑞亚（罗马神名为：俄普斯）结婚。克洛诺斯想起父亲临死之前说过，他将会败于自己儿子手下的诅咒，也开始害怕自己的儿子会篡夺王位。于是为了维护自己的统治权，每当妻子生下孩子，克洛诺斯就立即将孩子吞到肚子里。

但是，瑞亚看见自己心爱的孩子一个一个被丈夫吃掉，非常痛心，就动了母爱之心。当她生下第 6 个孩子时，她偷偷地以石块包代替初生的婴儿，让克洛诺斯吞到肚里去，然后将自己的孩子放在爱琴海克里特岛上的伊大山的地克特洞内。

安格尔《朱庇特与忒提斯》，1811 年，画布、油彩，327 厘米 ×260 厘米。

对安格尔而言，神话题材是他创作历史画的重要源泉。画面中宙斯严肃冷峻的气势，充分突显了众神之王的形象，充满浪漫主义情调。

瑞亚派了阿德拉斯提亚和伊狄亚两个女神帮助她扶养孩子长大，她们用神羊阿马尔提亚的奶喂他。瑞亚还派了两个武士守卫着孩子，只要孩子一哭，他们就挥动武器，以刀枪的撞击声掩盖住孩子的哭声，防止被克洛诺斯听见。

《赫拉像》

这是古希腊雕塑的罗马临摹作品。善嫉又狠心的天后赫拉，是宙斯的姐姐，也是宙斯的妻子。在希腊神话中，赫拉为了自己的地位，对宙斯与情人生下的私生子女，无所不用其极地痛下杀手。

孩子长大之后取名为宙斯（罗马神名为：朱庇特），他在普罗米修斯等神的帮助下，打倒了父亲并夺取了王位，救出了被父亲吞下肚子、在父亲肚子里长大的哥哥和姐姐们。宙斯自己做了雷电之神，娶了姐姐赫拉（罗马神名为：朱诺）为妻，统治了全宇宙，天上、地下一切都受他的管辖。

宙斯封大哥哈迪斯为统治冥国的塔尔塔洛斯王，又封波塞冬为海神，统治大地上所有的海洋与河川。宙斯的一个姐姐德墨忒尔（罗马神名为：克瑞斯）成为新的地母，掌管五谷及农业，而宙斯最大的姐姐赫斯提亚（罗马神名为：维斯塔）则做了贞女神，照料人间的所有家庭。

宙斯自己又与女神和凡间女子相继生了很多神和英雄，组成了庞大的神族，住在希腊的奥林匹斯山，所以在希腊神话中将他们统称为奥林匹斯神族。这些神分掌世界，各在其位、各司其职，各具有不同的象征意义。而这些神和英雄们曲折离奇的故事，就成为欧洲文学艺术的重要来源与养分。

古希腊雕塑中有一个相传是宙斯的胸像和一个赫拉的胸像，也留下了一个宙斯在克里特岛长大的浮雕。那个停在洞顶上的大老鹰后来成为宙斯权力的象征[①]，站在宙斯后面的是一个吹风笛的半人半羊人，名叫萨提尔，经常可以在以神话为题材的绘画中看到。

法国新古典主义代表画家安格尔在《朱庇特与忒提斯》一画中，将宙斯刻画成

① 各民族的神话开始时，大都留有图腾，希腊人认为自己的祖神是兽形。例如，宙斯原形为鹰，赫拉原形为孔雀等。随着文化的发展，经过“神人同形”的阶段，才逐渐以人的形象来象征诸神。

阿尼巴尔·卡拉奇《朱庇特与赫拉》，木板、油彩，33×39 厘米。

天后赫拉常常运用她的神力，让曾经与宙斯有过一夜情的女子备受折磨与苦难。

具有圣像般的威严感，在宙斯身旁的老鹰，象征着他无上的权威与睿智。而在阿尼巴尔·卡拉奇所绘制的《朱庇特与赫拉》中，赫拉身旁的孔雀象征着她的美丽容貌与原形，拿着弓箭的爱神，则将两人鹣鲽情深的样貌刻画得栩栩如生。

Prometheus

窃火者普罗米修斯

他创造了人类，同时也为了人类，在高加索山上忍受了3万年的酷刑。

既然有神族，就必然有人类。厄洛斯已经在大地上种植了草木、繁殖了动物，又想到还应该创造一种能够享受这些生物的生灵，于是便叫普罗米修斯去创造人类。

普罗米修斯是泰坦神伊阿珀托斯的儿子。在宙斯篡夺王位的战争中，他选择站在年轻的宙斯身旁。当宙斯在奥林匹斯山上组成神族、分掌世界大权时，普罗米修斯却不愿意当神。于是，他离开奥林匹斯山来到了大地，还答应了厄洛斯的请求，用泥土创造了“人”。

厄洛斯给了人类生命，智慧女神雅典娜给了人类灵魂。可是，当普罗米修斯负责教育人类的时候，却发现没有火是不行的。于是，他冒着生命危险来到了奥林匹斯山，偷了当时只有神才能享用的、象征光明的火种。

普罗米修斯不仅使人类具有和神一样的生存和创造生活的能力，还教会人类烹调、营建、文艺、医药等技艺。他把一切有益的事物都赐给了人类，同时又把一切瘟疫、痛苦、仇恨、战争等等都封闭在一个盒子里，不让人们受到它们的危害。普罗米修斯是人类的创造者、导师和朋友，也是古希腊人民心目中为了和平、幸福、自由而奋斗的英雄典型。

当宙斯知道普罗米修斯把神火偷给了人类之后，他非常生气，便以凶残的手段惩罚这个窃火者——用锁链把普罗米修斯锁在高加索山的峭壁上，每天派大老鹰吃掉他的肝脏。但这个人类的朋友、真正的英雄普罗米修斯是不会死亡的。白天，普罗米修斯的肝脏被吃掉，晚上又重新长了出来。

伟大的人类创造者普罗米修斯，就这样永无休止地在高加索山上忍受了3万年漫长岁月的酷刑，坚决不向宙斯屈服。具有钢铁般坚强意志的普罗米修斯的形象，在欧洲文学与艺术的发展史中，产生了巨大的影响力。

提香《被缚的普罗米修斯》，1549 年，画布、油彩，253 厘米 ×217 厘米。

为了人类的生存和繁衍，普罗米修斯偷了火种给人类，甘愿受惩罚。他被捆绑在高加索山上，每天被老鹰啄食肝脏，永无解脱之日。

根据古希腊人的传说，人们佩戴钻石戒指、手镯或金项链，就是为了纪念并分担普罗米修斯被绑缚在高加索山的痛苦——实际上，这可能只是珠宝工艺商人们，为了寻找美丽的象征和古老的根源，所杜撰的美丽借口而已。

古希腊彩陶上的《被绑的普罗米修斯》，约公元前 6 世纪。

后来，大英雄赫拉克勒斯代表了人类的意志，拯救了普罗米修斯。

意大利文艺复兴时期威尼斯画派画家提香的《被缚的普罗米修斯》中，普罗米修斯无奈地任由凶猛的老鹰啄食他的肝脏，紧握着的拳头与痉挛的脚趾，透露出这位伟大圣者的不幸和痛苦。在古希腊彩陶工艺中，也留下了普罗米修斯不灭的形象。在一个带耳的陶盆底部彩绘着《被绑的普罗米修斯》，展现了这场神界的争斗。

宙斯虽然禁锢了普罗米修斯，但对他创造的人类依然怀恨在心，于是决心要把人类彻底除掉。

他首先让冶炼神赫菲斯托斯造了一个女人，取名潘多拉，又让雅典娜赐给她生命、灵魂和智慧，还让赫耳墨斯赐给她美丽的容貌，并把潘多拉带到凡间嫁给普罗米修斯的弟弟厄庇墨透斯。

潘多拉做了厄庇墨透斯的妻子以后，在整理家务时，发现了普罗米修斯封闭罪恶的一个盒子。

普罗米修斯在被囚往高加索山时，曾经对他的弟弟说："千万不能打开这个盒子。"但后来，潘多拉发现了这个神秘的盒子。她难以克制住好奇心，整天与厄庇墨透斯吵架，非要看看盒子里面装了些什么，最后盒子终于被她打开了，被封闭在盒子里的人类罪恶全部飞了出来，弥漫了全世界。

这件事惊动了奥林匹斯山，宙斯决定下凡，看看因为潘多拉的任性究竟带来了怎样严重的后果。于是，他便乔装成一个老头，到了吕卡翁王统治的国家，成了吕卡翁王的门客。

罗塞蒂《潘多拉》
879年，纸、粉彩，97厘米×62厘米。
潘多拉发现了一个盒子，于是整天与丈夫厄庇墨透斯吵着要打开来看看。当潘多拉打开这个盒子之后，人类的罪恶全部从盒子里飞了出来。罗塞蒂在盒子上刻着拉丁文：“最后，‘希望’留下。”象征着即使所有的恶都从盒子里飞了出来，但最终，人类依然保有着最后的希望。

诡计多端的吕卡翁知道这个老头是宙斯的化身，为了试试他是否真的是万能的神，便在设宴招待宙斯时，宰了一个人来做菜。宙斯一闻味道，就知道吕卡翁犯了弥天大罪，立即拔出雷电棍，烧毁了吕卡翁的王宫，并将这可恶的王变成了狼。

宙斯满腹怒气地返回天庭，命令海神波塞冬引发大水淹死人类，唯有普罗米修斯（象征先知）的儿子丢卡利翁和厄庇墨透斯（象征后觉）的女儿皮拉受到宙斯的指示，制作了一艘木舟渡过了漫天大水，幸免于难。

大水退去之后，他们两人受到地母盖亚（也有一说是受到正义女神忒弥斯）的梦示，以石块创造了人类，所以人类能够忍受任何的艰难，坚若磐石。这便是希腊世界关于人类起源的神话故事。

Hades

冥国的国王哈迪斯

一切都是因为爱情，而有了春夏与秋冬。

冥王哈迪斯（罗马神名为：普鲁托）也是克洛诺斯的儿子，他实在可以称为最苦的一个神了。

史珂帕斯《地母德墨忒尔像》，公元前 340～公元前 330 年，大理石，高 153 厘米。

德墨忒尔失去了爱女珀耳塞福涅，心中悲痛万分，那深邃的眼里流露着哀伤，她最后竟然逐渐僵硬，变成了石像。

贝尔尼尼《哈迪斯的抢劫》，1622～1623 年，大理石，高 243 厘米。

一年之中季节的变换，以及万物的荣枯，都源自于哈迪斯强掳仙女珀耳塞福涅的传说，珀耳塞福涅后来因而成了春神。

波提切利《春》，约1478年，画板、蛋彩，203厘米 ×314厘米。

这幅画是文艺复兴时期以异教神话为题材的第一幅重要作品。在波提切利的那个时代，男性是画作的中心人物，而《春》可以说是最早赞颂女性美的一幅作品。画面中的人物与复杂的含义，堪称是当时新柏拉图主义的代表作品。

哈迪斯在克洛诺斯的肚子里长大，当宙斯打败了父亲克洛诺斯之后，哈迪斯被救了出来，但哈迪斯刚刚走出黑暗的肚子，就被分配到同样黑暗的地府，做了冥王。他不甘心屈从于自己的厄运，也想要享受人间的欢乐，于是就发生了这样一则故事。

新的地母德墨忒尔与宙斯生了一个女儿叫珀耳塞福涅（罗马神名为：普罗瑟萍娜），是一个非常漂亮的仙女，大地上的一切都为她的美丽而永葆青春，没有树叶枯萎的深秋，没有寒风凛冽的严冬，只有花开灿烂的春天和硕果累累的夏天。西西里岛的居民更是得天独厚，因为珀耳塞福涅就生活在那里。

大地上的欢乐，打动了地底深渊里的哈迪斯，他不自觉地爱上了珀耳塞福涅。

有一天，当珀耳塞福涅与一群青年男女们正在跳着舞时，哈迪斯打开了地府的大门，跳出来抢走了珀耳塞福涅。从此以后，大地万物枯萎，了无生气，人们再也得不到地母德墨忒尔的恩赐，田地变得贫瘠而荒芜。

德墨忒尔因为失去爱女而痛不欲生，竟逐渐僵硬直至最后变成了石像。公元前

伊芙琳·德·摩根《花神芙罗拉》，1894 年，画布、油彩，198 厘米 ×86 厘米。

这幅作品与波提切利的《春》有着同样的甜蜜氛围和繁复且生机勃勃的背景。

罗塞蒂《珀耳塞福涅》，1877 年，画布、油彩，116 厘米 ×88 厘米。

画面中，珀耳塞福涅身披蓝灰色的衣服，手中握着爆开的石榴，表情忧郁又无奈，显示她身处在冥国的半年黑暗岁月。

莱顿《珀耳塞福涅的归来》，1891 年，画布、油彩，203 厘米 ×152 厘米。

画面中珀耳塞福涅被冥王丈夫搂着飞到一个光明的出口，而她的母亲地母德墨忒尔则张开双臂，迎接女儿从冥国归来。

4世纪，希腊大雕塑家史珂帕斯塑造了一座《地母德墨忒尔像》，是古希腊雕刻中的精品。这个雕塑作品展现了失去女儿的母亲形象，那深邃的眼里流露着忧伤黯淡的神色，眼泪已经流尽但痛苦却永无止境。

人间的遭遇、德墨忒尔的不幸，感动了宙斯，况且珀耳塞福涅还是他的女儿呐！

于是，宙斯命令兄弟哈迪斯将珀耳塞福涅送还给大地。宙斯的命令，哈迪斯不敢违抗，他只得答应。但终究因为珀耳塞福涅吃过冥国的一颗石榴，因此只能有半年的时间住在大地，另外半年的时间依然要住在冥国，成为哈迪斯的妻子。石榴知道了这件事，也责怪自己害了珀耳塞福涅，悲痛得连心都爆裂了。

从此之后，当珀耳塞福涅到大地的半年，万物竞生，德墨忒尔也高兴地赐出了她的五谷。这就是春夏。当珀耳塞福涅回到地府的半年，一切都濒于死亡。这就是深秋和隆冬，人们匆忙收回五谷，以避免严冬的侵袭。

就这样，珀耳塞福涅成了春神，与花神芙罗拉一起主宰着美丽的春天。

文艺复兴初期的意大利画家波提切利画了巨幅油画《春》，全面展现了珀耳塞福涅带给人间的欢乐。春神左侧是象征丰收的美惠女神，右侧是花团锦簇的花神，充满生机的画面显示了欧洲艺术的繁盛，这幅作品被公认为是文艺复兴的时代象征。伊芙琳·德·摩根的《花神芙罗拉》与波提切利的《春》有着同样的甜蜜氛围与繁复且生机勃勃的背景。

而在罗塞蒂的《珀耳塞福涅》中，珀耳塞福涅有着美艳的外貌，她手中握着一个爆开的石榴，但神情却充满无奈。莱顿的《珀耳塞福涅的归来》则更具体地描绘了这个故事。画面中的珀耳塞福涅脸色苍白，被冥王丈夫搂着飞到一个光明的出口，而她的母亲地母德墨忒尔穿着象征土地的红褐色衣裙，张开双臂，迎接女儿从冥国归来。

这个神话，反映了古希腊人对生物周而复始的生长规律一种朴素而又美丽的想法，是艺术家们创作的重要源泉。

哈迪斯作为一个被爱情折磨，又生活在黑暗底层里的神，他决心到光明的地方，去抢夺和争取自己的爱情，是不能被责难的。意大利雕塑家贝尔尼尼创作了一座《哈迪斯的抢劫》的雕塑作品，表现的就是这个故事。

Poseidon

强大的海神波塞冬

一人之下、万人之上的水晶宫主人。

海神波塞冬（罗马神名为：涅普顿）是宙斯的哥哥，他一生出来，当然也被父亲克洛诺斯吞入了肚子里，直到宙斯得胜，他才得以重见光明。这时，波塞冬已经

普桑《安菲特里忒的胜利》，约 1636 年，画布、油彩，114.5 厘米 ×146.5 厘米。

海神从宙斯那里分到了海域，并且把各个地方的海神们通通排挤到次要地位，得胜而归。海神右手拿着三叉戟，左手驾着马车，他的妻子安菲特里忒和众女神则驾着彩贝船。整幅作品充满神话气息。

鲁本斯《波塞冬与安菲特里忒》，1618 年，画布、油彩，222.5 厘米 ×180.5 厘米。
宙斯的哥哥海神波塞冬是仅次于宙斯的强大掌权者，他与妻子安菲特里忒就住在海底宫殿里。

是一个长满络腮胡的大人了。他出来之后，只能当宙斯的弟弟，因为他被吞入肚子里的时间最早，但从肚子里出来的时间最晚。

奥林匹斯神族组成时，他被分配当了海神，与宙斯一起共管水陆两界。在希腊神话里主宰水的神很多，是一个大家族。因此，波塞冬不住在奥林匹斯山，而是住在爱琴海欧玻阿岛深处的一座镶满珊瑚、珍珠、彩贝的水晶宫里。

波塞冬是一个十分强大的神，他整天拿着一把三叉戟，只要他摇动钢叉，大喝一声，海水便能将陆地吞没。当宙斯想要消灭人类时，最主要的是依靠海神的帮助，以至于谁也不敢冒犯他。

波塞冬曾经与他的侄子阿波罗一起联手反抗过宙斯的独裁。可是，洪水敌不过雷电，最终他们惨败在宙斯的手下，被逐出奥林匹斯山，发配到小亚细亚为拉俄墨冬建造的特洛伊城。

后来，这座城与希腊为了争夺美女海伦而引起战争，相互厮杀了 10 年。这就是希腊神话中自成系统的神话“特洛伊战争”，《荷马史诗》就是有关这场战争的起因、

《海神波塞冬像》，公元前 460 年，青铜，高 209 厘米。

这是一座在阿尔提美西昂海域发现的青铜雕像。他强壮的体魄与肌肉的张力，无不在彰显海神无比强大的力量。

沃尔特·克兰《海神之马》，1892 年，画布、油彩，86 厘米 ×215 厘米。
海神手中握着一把三叉戟，吆喝着奔腾的白马，与汹涌的海浪一起全速冲刺。画面气势磅礴，充分展现了海神强大无比的力量。

发展和终结的神人大混战的记录。

波塞冬的妻子安菲特里忒，是水族多利斯和涅柔斯的女儿。她常常坐在五色缤纷的彩贝船上，由海马驾驭着，飞驶在汪洋大海中。前呼后拥的海仙队伍，一直是画家们最喜欢描绘的主题之一。法国画家普桑创作过一幅《安菲特里忒的胜利》，这幅描绘海神的妻子豪华出游于海上的作品，画得十分生动。

佛兰德斯画家鲁本斯一生创作了很多以希腊神话为题材的作品，其中最能展示他华丽构图、绚烂夺目色彩的，就是他反复描绘的有关酒神、月神和海神的故事。《波塞冬与安菲特里忒》是他在 1618 年创作的，画面下方那个吹海螺的是海神的儿子特里同，专门兴风作浪。

英国象征主义画家沃尔特·克兰以极大的画幅创作了《海神之马》。这幅作品气势磅礴、海浪滔天，画面中奔腾飞跃的白马，戴着贝壳项链，划着非马蹄的肉蹼，与汹涌的海浪一起全速冲刺，充分展现了海神强大无比的力量。

Athena

智慧女神雅典娜

集智慧、勇敢、贞洁、勤劳于一身的女战神。

诸神之王宙斯，在奥林匹斯山有王后赫拉，在人间还相继娶了很多妻子。墨提斯是他在人间的第一个妻子，但她是一个不幸的女人。宙斯与她结婚之后，就回忆起祖父乌拉诺斯和父亲克洛诺斯都毁于自己儿子手中的事情，也开始害怕他和墨提斯所生的孩子日后会推翻自己的王朝。

可是，宙斯比他的父辈们心思更缜密，他的父亲只是吃掉了儿子，而宙斯则是连怀孕不久的妻子也一股脑地吞进肚子里。宙斯吃了墨提斯之后，就开始罹患严重的头痛病，脑袋胀得无法忍受，神界因此大乱。

这个古怪的头痛病症，连懂得医术的阿波罗也治不了。

宙斯只得叫冶炼神赫菲斯托斯用斧头将他的脑袋劈开，他想瞧瞧，究竟自己的脑袋里有什么东西，为何会如此疼痛不堪。等到赫菲斯托斯的斧头把宙斯的脑袋一劈为二时，突然从中跳出一个全副戎装、手持长矛的威武女神。

女神跳出来之后，宙斯的头痛病就痊愈了。这位女神就叫雅典娜（罗马神名为：密涅瓦）。

雅典娜是奥林匹斯神族中最早出现的第二代女神。她是普罗米修斯用泥塑创造人类之后，给人类生命和智慧的伟大女神，也是鼓舞神话中最著名的英雄赫拉克勒斯走向艰苦道路、造福人类、完成英雄事业的神祇。

雅典娜是古希腊人民最敬爱的女神，在她身上集合了智慧、勇敢、贞洁的美德。雅典娜还是主宰纺织、手工艺的勤劳女神。可以这么说，这位女神是昌盛时期雄霸于爱琴海的古希腊国家的典型象征，因为她还是古代希腊最大的城邦——雅典的守护神。

传说中，英雄刻克洛普斯在阿提卡建造了一座城市，他邀请海神波塞冬和雅典娜为这座新的城市命名。为了争夺这份荣耀，他们决定每人送一件礼物给新城市的居民，看谁的礼物最受居民的欢迎，命名权就归谁。

波塞冬的礼物是碧波飞溅的海中的神马和盐，十分贵重。而雅典娜赠送的则是橄榄树，这是古代希腊人最不可或缺的食物和油品的来源。新城居民非常喜欢雅典娜赠送的礼物，于是，智慧女神的名字就被冠于新城之上，也就是至今还是希腊首府的雅典城命名的由来。

菲狄亚斯《雅典娜》（罗马仿制品）
约公元前 447～公元前 438 年，大理石，高 105 厘米。
雅典娜的头盔上有三只怪兽，象征守卫森严，以显示雅典娜是雅典城最忠实的守护神。据说，这座雕塑的原作高达 13 米，巍然屹立于雅典老城区卫城山上，连航行在萨伦克纳湾的船只上的人，都能清楚地看到。

波塞冬一气之下，发誓永远也不给雅典城海上霸权，因此，便将海水退出雅典城数里之外。

雅典娜还是一位严厉且神圣不可侵犯的威武女神，所以，她又名"帕拉斯·雅典娜"①，象征她是一位女战神。谁违抗了她的意志，谁就会遭到厄运。特洛伊城祭司拉奥孔就是因为泄露了雅典娜的机密，而被巨蟒咬死。在残酷和严厉方面，只有月神阿尔忒弥斯与她相似。

在古希腊，每年都会为雅典娜举行盛大的祭典，而祭祀雅典娜的帕提农神庙则是古代希腊建筑和雕塑艺术的典范。在帕提农神庙的东、西两个正门的三角额墙上，分别装饰有雅典娜诞生（东侧），以及雅典娜与波塞冬争夺新城命名权（西侧）的连续雕塑组像。只可惜，这些雕塑由于遭受帝国主义者的掠夺，现已荡然无存。我们现在只能从法国考古学家卡莱在 1674 年创作的两幅素描和现存的残雕上，窥见一二。

① 据说，帕拉斯是海之信使特里同的女儿，被雅典娜误杀。为了纪念她，雅典娜把帕拉斯的名字冠在自己的名字前。

《雅典娜》，公元前 500～公元前 480 年，大理石，高 168 厘米。

当宙斯的脑袋一劈为二的刹那，突然从他的脑袋中跳出一个手持长矛的女神，这位女神就叫雅典娜。她是古希腊人民最敬爱的女神，在她身上集合了智慧、勇敢、贞洁的崇高美德。

《萨摩色雷斯的胜利女神》，约公元前 190 年，大理石，高 245 厘米。

胜利女神尼姬通常以带有双翼的形象出现，传说中，雅典人为了将胜利女神永远留在身边，曾经雕塑了没有翅膀的胜利女神像。

雅典娜的塑像在古希腊雕塑中占有很重要的地位，为她创作的雕像也最多。其中最精彩的雕塑应属大雕塑家菲狄亚斯的作品。据说，这座雕塑高达 13 米，巍然屹立于雅典老城区卫城山上，连航行在萨伦克纳湾的船只上的人，都能清楚地看到。当然，如今我们也只能看到一个小型的罗马仿制品。这座高耸的雕塑早已在岁月的磨砺中，倾颓湮灭。

菲狄亚斯的雅典娜雕塑，头盔上雕刻着三只怪兽。中间一只名叫斯芬克斯，是狮身人面怪兽；旁边两只是革里芬斯，是狮身鹰首怪兽。这三只怪兽象征守卫的森

克里姆特《雕塑的寓意》，1889 年，钢笔水彩画，44 厘米 ×30 厘米。

画面正中画的是象征爱神维纳斯的美女，而她高举的左手上拿着的是胜利女神尼姬的罗马时代的仿制品，在巨大的赫拉雕塑的头像下方，则是智慧女神雅典娜。

严，以显示雅典娜是雅典城最忠实的守护神。她的右手托着的双翼女神名叫尼姬，是胜利女神。右脚下有一个盾，盾内盘踞着一条巨蟒，这也是在特洛伊战争时，咬死拉奥孔的那条巨蟒。这个盾通称为“美杜莎盾”，上面刻着希腊人与阿玛戎女部落战斗的情景。据说，上面保留着菲狄亚斯的自刻像。另一座著名的雕像则是创作于公元前 500～公元前 480 年的《雅典娜》。

而总是与雅典娜一起出现的胜利女神尼姬，在希腊神话中，是一个难以找出究竟创造了什么功绩的神。对于她的身世，说法不一。其中一种说法，认为她是宙斯和天后赫拉的女儿，所以是一位公主。另外一种说法，认为她是第一代神族泰坦的后代，是与毁灭女神珀尔隆娜同辈的老一代神祇。但一般都倾向于第一种说法，因为尼姬是宙斯的随身女神，宙斯神殿中也有她的雕塑。

一般情况下，尼姬隶属于雅典娜，在雅典娜雕像的右手上站立着带翼飞翔的女神，那就是尼姬，象征着有女战神之称的雅典娜，每战必定得到胜利女神的佑护，战无不胜。

但是，胜利女神最被艺术家倾心的则是，法国考古学家商博西于 1863 年在萨摩色雷斯岛上发掘出来的一座雕像，她站立在船头上，正欲迎风展翅高飞。这座雕像经过与原宙斯神殿中的胜利女神尼姬像以及古罗马时代若干胜利女神仿制品相互印证，被确认为胜利女神。

这座雕塑以发现地命名为《萨摩色雷斯的胜利女神》，由于这座雕塑的头找不到，因此比失去双臂的爱神，命运要惨淡得多。但是，从这座雕塑展翅高飞的健美体魄、迎风挺立在船头上的贴身衣裙褶皱，尤其是正面的体态，非常神似《米洛的阿佛洛狄忒》，因此，也被考证为希腊化时期的杰作。《萨摩色雷斯的胜利女神》与《米洛的阿佛洛狄忒》一起成为卢浮宫博物馆古希腊雕塑中的两大镇馆之宝。

在后世画家的创作中，奥地利分离主义派中坚人物克里姆特（1862～1918）的《雕塑的寓意》（钢笔水彩画）是神话题材创作中最奇特的作品。画家以天后赫拉巨大的头像作为背景，在她的下面是智慧女神雅典娜，在雅典娜下面却画了一尊希腊化时期的生活小品雕塑《拔刺的孩子》，画面正中间画了一个象征爱神的美女，而她高举的左手上擎着的，竟然是胜利女神尼姬的罗马时代的仿制品。克里姆特以类似照相般细腻真实的技法和令人扑朔迷离的隐喻，创作出这幅神秘的作品，他究竟想要表达什么？的确值得后人细细推敲。

Apollo

太阳神阿波罗

主宰光明、文艺、音乐、学术与医学的守护神，但达芙妮却不爱他。

泰坦神菲碧和科俄斯的女儿，名叫勒托（罗马神名为：拉托娜），长得非常美丽。天神宙斯爱上了她。

这件事让天后赫拉知道了，不管可怜的勒托是否已经怀孕，赫拉还是将她逐出奥林匹斯山，并通令大地一律不准收留勒托。从此，勒托过着整天流浪、无处可居的生活。宙斯同情勒托的遭遇，于是在海神管辖的爱琴海中找到了一座名为狄洛斯的浮岛，这座岛既不属于大地也不属于海洋，这才逃出了赫拉的掌控。

勒托在狄洛斯岛上住了下来，生下了一对双胞胎——阿波罗和阿尔忒弥斯。

阿波罗在希腊神话中，是主宰光明、文艺、音乐、学术与医学的守护神。阿波罗还和森林女神科洛尼斯生了医神阿斯克勒庇俄斯。后来，阿波罗代替泰坦中主宰太阳的许珀里翁成了太阳神。

阿波罗能成为音乐神，得助于神的使者——赫耳墨斯。

赫耳墨斯生下来后不久，便偷吃了阿波罗的牛，结果被阿波罗发现了，于是赫耳墨斯以自己制造的龟背六弦琴抵偿了自己偷的牛。于是，阿波罗成了保护文学与艺术的神祇。

宙斯看到阿波罗能歌善舞，就把自己与谟涅摩绪涅生的 9 个专管文艺的缪斯女神，一并交给了阿波罗带领。他们住在距离奥林匹斯圣山不远的庇厄里阿山。阿波罗和 9 个缪斯女神，在这座山林里歌唱舞蹈、吟诗作画。有时候，他们还会飞向赫利孔山去举办音乐会。这两座山，就是西欧文学中常说的文艺发源地。弗朗索瓦·吉拉东创作的《众宁芙侍奉阿波罗》，就是描绘被众仙女服侍的阿波罗。

阿波罗在古希腊世界里，是一个有广泛影响力的神。有一则神话说阿波罗在克利撒杀了吃人毒龙皮提乌斯，为了纪念阿波罗除掉克利撒的大祸害，人们把这个地方改称为皮提翁，并建造了一座巨大的太阳神庙，每年在希腊全国举行皮提翁节庆，活动内容包括音乐、戏剧、体育等比赛。皮提翁节庆是古希腊最主要的节庆之一，对文学艺术的发展有着深远的影响。

法国大雕塑家罗丹有一座名为《阿波罗》的雕塑，就是以阿波罗张弓拉箭射死毒龙为情节，生动地塑造了这位青年神祇的壮美形象。

在古希腊雕塑中，关于阿波罗的雕塑非常多。希腊化时期的《贝尔维德尔的阿波罗》(原藏于贝尔维德尔博物馆，故名)，将阿波罗作为音乐之神来塑造，现在收藏于梵蒂冈雕塑馆里。关于这个题材，还有罗马时代的《弹竖琴的阿波罗》雕塑。而更早期的最好作品，则是奥林匹斯山宙斯神殿西三角额墙上的一座雕塑。故事描写阿波罗作为庇里托俄斯的保护神，镇压住了半人半马怪兽肯陶洛斯们的抢劫。

据说，庇里托俄斯和勒披安斯族公主希波达弥亚结婚，肯陶洛斯们在婚礼进行

弗朗索瓦·吉拉东《众宁芙侍奉阿波罗》，1666~1675年，大理石，高90厘米。
阿波罗率领9个文艺女神，住在庇厄里阿山上，他们在山林里唱歌跳舞、吟诗作画。

《贝尔维德尔的阿波罗》，希腊化时期的作品，原作约330年，大理石，高224厘米。

在希腊神话中，阿波罗是主宰光明、文艺、音乐、学术与医学的守护神。

贝尔尼尼《阿波罗和达芙妮》，1622~1623年，大理石，高243厘米。

河神把达芙妮变成了一棵月桂树，以逃避阿波罗的追求。为了纪念达芙妮，阿波罗把月桂树当成自己的圣树。

时强抢新娘，新郎庇里托俄斯奋起战斗保护新娘，婚礼场所成了厮杀的战场，最后阿波罗赶到，帮助庇里托俄斯打败了不义的肯陶洛斯们。

当阿波罗用百发百中的利箭射死了吃人毒龙皮提乌斯，高兴地赶回奥林匹斯山时，在路上遇到了小爱神厄洛斯。谁都知道，他拥有创造爱情的金箭和憎恨爱情的铅箭。阿波罗看见一个小孩也拿着弓箭，就讥笑他说：

“你也拿起弓箭来了！我的箭能射死毒龙，所以人们尊我为射神，但你的箭有什么用处呢？我看丢掉算了吧！”

厄洛斯听了阿波罗得意忘形的一番话，气呼呼地回答道：

“好，咱们走着瞧，看谁的箭厉害！”

不久，厄洛斯走到河神帕纽斯的女儿达芙妮那儿，对准她的心射出了一支铅箭，可怜的达芙妮顿时觉得一阵心悸，成了一个憎恨爱情的无情者。这个时候，阿波罗正巧走到达芙妮的身边，厄洛斯马上抽出金箭射向阿波罗，阿波罗立即感到心头火热，爱上了站在他面前的达芙妮。

阿波罗是值得达芙妮爱的。然而，专司婚礼的女神许门，从来就不受被厄洛斯铅箭射中的女人的欢迎。达芙妮受不了阿波罗的热烈追求，匆忙逃到她的父亲河神那里，大声喊道：

“父亲啊！快让我变形，避开阿波罗爱的纠缠吧！”

于是，河神就把达芙妮变成了一棵月桂树。为了纪念达芙妮，阿波罗把月桂树作为自己的圣树。这是一个爱情悲剧。

意大利雕塑家贝尔尼尼创作经典雕塑《阿波罗和达芙妮》。由于雕塑家巧妙地运用了雕塑处理情节的特点，使得这一对不幸的恋人活生生地呈现在我们的眼前。而意大利画家提埃坡罗的作品中则有两幅关于阿波罗与达芙妮的作品，一幅是《阿波罗追踪达芙妮》，另一幅是《阿波罗与达芙妮》，描绘的都是达芙妮为了躲避阿波罗

提埃坡罗《阿波罗追踪达芙妮》，约 1758～1760 年，画布、油彩，70 厘米 ×87 厘米。
达芙妮匆忙逃到她的父亲河神那里，大声喊道：“父亲啊！快让我变形，避开阿波罗爱的纠缠吧！”

提埃坡罗《阿波罗与达芙妮》，约1743~1744年，画布、油彩，96厘米×79厘米。

阿波罗披着红色的斗篷匆匆追过来，却无法阻止达芙妮的蜕变。他满脸惊恐、不可思议的神情，跃然于画布上。

夸佩尔《胜利女神为阿波罗加冠》，1688 年，画布、油彩，157 厘米 ×126 厘米。

法国画家诺埃尔 · 夸佩尔的这幅作品，以华丽的气氛，描绘了胜利女神为太阳神阿波罗加冠时的欢乐场景。

曼特尼亚《巴那斯山》，约1495～1497年，画布、蛋彩，159厘米×192厘米。
巴那斯山位于希腊南部，是希腊传说中的诗人之山，同时也是太阳神阿波罗和诗神缪斯的灵感发源地。

的追求，渐渐变成了一棵月桂树的情节。画面中阿波罗披着红色的斗篷匆匆追过来，却无法阻止达芙妮的蜕变。他满脸惊恐、不可思议的神情，跃然于画布上。

由于阿波罗是光明、正义、文学、艺术的神，后世的人们就把月桂树作为胜利与和平的象征，对有名的诗人则赠以桂冠，称之为"桂冠诗人"。夸佩尔创作的《胜利女神为阿波罗加冠》，以华丽的气氛，描绘了胜利女神为太阳神阿波罗加桂冠时的欢乐场景。而意大利画家曼特尼亚的《巴那斯山》则是较早期的名作。巴那斯山位于希腊南部，是希腊传说中的诗人之山，同时也是太阳神阿波罗和诗神缪斯的灵感发源地。

Marsyas

羊角仙马耳叙阿斯

胆敢单挑阿波罗，最后只能悔恨地看着那支闯祸的笛子。

有一天，雅典娜忽然动了雅兴，想跟女友们来一场音乐会。她做了一支双管笛，吹得很开心。突然，她在河水里看见自己吹笛的倒影，噘着嘴，乱动着手指头，实在与她拿惯利剑与盾牌的姿势极不相称，一气之下，她扔掉了手中的笛子。

雅典娜的这个举动，被山林中的羊角仙马耳叙阿斯（即萨提尔）看见了，于是他偷偷地去捡笛子，不巧却被雅典娜发现了，马耳叙阿斯立即翻身一转，做了个滑稽的动作，躲过了雅典娜的视线。

古希腊大雕塑家米隆曾经创作过《雅典娜和马耳叙阿斯》的雕塑，而这组群像的罗马仿制品，现在被分别存放在德国（存放《雅典娜》）和意大利（存放《马耳叙阿斯》）。把他们对照在一起，就能清楚地看到雅典娜转身看见马耳叙阿斯捡笛子的一瞬间，马耳叙阿斯马上缩着身体抽手做了个怪动作，仿佛还引起了雅典娜的微笑，十分生动。

不久，马耳叙阿斯就拥有了一支笛子，不知道是偷来的，还是他自己仿制的。

他吹着笛子跳动着一对羊脚，到处吹嘘他的笛声是多

米隆《雅典娜——雅典娜和马耳叙阿斯群雕之一》，约公元前450年，大理石，高173厘米。

雅典娜看见自己水中吹笛的倒影，与她拿惯剑矛、盾牌的姿势很不相称，她一气之下，扔掉了笛子。

么美妙，还扬言要与阿波罗在音乐会上一较高下。马耳叙阿斯的狂妄，只受到一个人的欢迎，此人就是曾经向酒神求过点金术的弥达斯王①。他喜爱马耳叙阿斯的笛音，简直到了着迷的地步。

马耳叙阿斯的挑战，终于被阿波罗知道了，于是阿波罗立刻决定与这个狂妄的马耳叙阿斯比赛。比赛的裁判是提摩罗斯山神。比赛当天非常热闹，山林仙女、水泽女神以及精灵们都来参加这场竞技，弥达斯王当然也不例外。

比赛开始，马耳叙阿斯吹起双管笛，但不堪入耳的噪音，让人大吃一惊，大家都在纳闷他怎么胆敢与主宰音乐的阿波罗比赛，但唯独弥达斯王一个人连连拍手叫好。马耳叙阿斯吹完之后，轮到阿波罗出场演奏，当他拨动琴弦，优美的旋律、活泼的节奏，让人闻之起舞。琴声飘扬在提摩罗斯山的山巅，天神们都驾着金车飞抵比赛现场，倾听太阳神奏出的美妙琴声。

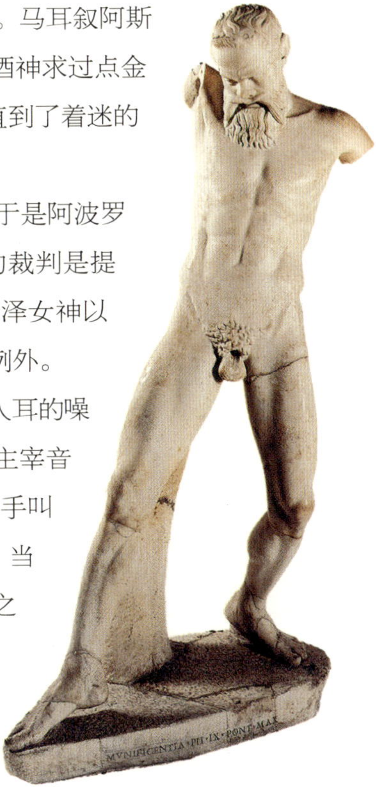

米隆《马耳叙阿斯——雅典娜和马耳叙阿斯群雕之二》，约公元前450年，大理石，高159厘米。

羊角仙马耳叙阿斯偷偷捡走了雅典娜的笛子之后，到处吹嘘他的笛声是多么美妙，还扬言要和阿波罗一较高下。

比赛结果，自然是阿波罗获胜。

提摩罗斯山神为阿波罗戴上胜利的桂冠，但弥达斯王却反对这个公正的裁判。阿波罗听了弥达斯王的异议，笑着向大家说："弥达斯作为一个人，枉费拥有一对人的耳朵，他应该长一对什么也分辨不清的驴耳朵才对。"说着，阿波罗的手向弥达斯王的耳朵一碰，弥达斯王的耳朵立即变成了毛茸茸的驴耳朵。

为了惩罚马耳叙阿斯，阿波罗决定将他处以剥皮的极刑，并马上叫其他的羊角

① 弥达斯王曾搭救过塞勒诺斯的生命，酒神狄俄尼索斯（他小时候受过塞勒诺斯的照管）为了感谢弥达斯王，答应弥达斯王的要求，教给了他点金术，但点金术使弥达斯王连吃的食物都成了金块，而丧失了生活的能力，于是他又请求狄俄尼索斯取消了这个点金之术。

仙将马耳叙阿斯捆绑起来，又叫来一位斯刻狄亚奴隶磨刀。可怜的马耳叙阿斯，就这样被活活地剥皮而亡。

在古代希腊雕塑中，有大量马耳叙阿斯的雕像，都是以快乐、醉酒、舞蹈的形象出现的，唯独《被绑的马耳叙阿斯》反映了马耳叙阿斯的悲惨命运，吊在树上的马耳叙阿斯悔恨地看着那支笛子，但为时已晚。

有关这个题材的希腊雕塑中，还有一座《磨刀的斯刻狄亚人》。磨刀的斯刻狄亚人抬头看着可怜的马耳叙阿斯，对他深表同情。这座雕塑的发现，增加了故事的悲剧气氛。

关于整个音乐会，在希腊阿卡狄亚还出土了一块《阿波罗和马耳叙阿斯比赛音乐》的浮雕。浮雕上提摩罗斯神坐在正中间当裁判，马耳叙阿斯正在起劲地吹

里贝拉《阿波罗与马耳叙阿斯》，1637 年，画布、油彩，182 厘米 ×232 厘米。
里贝拉是 17 世纪西班牙绘画界的荣光，这幅大尺度的巨型作品，充分展现了他高超的绘画技巧。画面中，马耳叙阿斯面对酷刑，痛苦、惊愕、声嘶力竭地呐喊，他的绝望仿佛跃出了画布，颇具有现代惊悚电影海报上定格画面的残酷氛围。

着笛子，而阿波罗则手持竖琴处之泰然地坐在一旁，胜利当然是毋庸置疑的。

佚名《磨刀的斯刻狄亚人》，约公元前200～公元前150年，大理石，高106厘米。

阿波罗将马耳叙阿斯捆绑起来，又命令一位斯刻狄亚奴隶磨刀。可怜的马耳叙阿斯，就这样被活活地剥皮而死。

就绘画而言，这个主题被刻画得最传神的，应该是属17世纪西班牙的伟大画家里贝拉所创作的《阿波罗与马耳叙阿斯》。画面中，阿波罗的红色斗篷迎风鼓动，而阿波罗露出残忍的笑容，正在剥马耳叙阿斯的皮。面对这样的酷刑，马耳叙阿斯痛苦、惊愕、声嘶力竭地呐喊。看着这么残酷的画面，躲藏在大树后面不忍卒睹的森林精灵，则露出绝望的神情。画面中的各个角色，呈现了不一样的情绪，跟我们现在在电影院里观赏恐怖电影的情景如出一辙。

Artemis

月神阿尔忒弥斯

她是头戴一弯新月的女猎人，貌似温柔却生性残酷。

阿尔忒弥斯是太阳神阿波罗的孪生姐姐。

后来，她代替泰坦许珀里翁的女儿——第一代月神塞勒涅，成为月神。她的罗马名字戴安娜更为大家熟悉，因为画家们为她的出浴而创作的作品实在太多了，而作品名称都标示着“戴安娜出浴”。她另外还有一个美丽的拉丁名字——路娜。

布歇《休息的戴安娜》，1742年，画布、油彩，56厘米×73厘米。

头戴一弯新月或携带弓箭是月神阿尔忒弥斯在绘画中的标志形象。

尽管阿尔忒弥斯有个美丽的名字，主宰的又是温柔的月亮，可是她本人却是个既好战而又无情的神。

在希腊神话中共有 3 个贞女——贞洁女神赫斯提亚、智慧女神雅典娜和月神阿尔忒弥斯。这个无情的贞女，唯一的爱好就是狩猎。后来，她干脆把护猎女神彭提斯和护渔女神提克特娜通通赶走，自己担当起保护渔猎的责任。

枫丹白露派《女猎神戴安娜》，约 1550 年，画布、油彩，190 厘米 ×132 厘米。

月神阿尔忒弥斯唯一的爱好就是狩猎，后来，她干脆把原来的狩猎女神赶走，自己担当起保护渔猎的责任。

阿尔忒弥斯的无情与残酷可以从一个故事中看出来。有一天，她和侍女们在伽尔菲伽山河谷里洗澡时，卡德摩斯的外孙阿克泰翁恰巧在此打猎，他只偷偷地瞧了月神一眼，被发现之后，就被怒不可遏的阿尔忒弥斯变成了一头小鹿，并被猎犬活活咬死。

由于阿尔忒弥斯成了猎神，所以山林中的仙女宁芙们、羊角仙萨提尔们都成了她的朋友，萨提尔还成了她狩猎的助手。鲁本斯就以此为题，画了一幅《打猎归去的阿尔忒弥斯》，描写月神和萨提尔的友谊。而当阿尔忒弥斯出浴时，仙女宁芙们总是作为她的护卫，她们姿色出众，但终身不嫁。

据说，有一次宙斯看中一个叫嘉丽斯特的宁芙仙女，想尽办法也不能与她亲近。后来，狡猾的宙斯变成了阿尔忒弥斯的模样，才骗过了嘉丽斯特，与她恋爱并生下了一个孩子，名叫阿尔克斯。后来，母子两人变成了天上的大小熊星。枫丹白露派画家也创作了《女猎神戴安娜》的作品，在画面中，戴安娜身边跟着一只猎犬。

阿尔忒弥斯虽然是个贞女，但她也有心上人。

有一天，阿尔忒弥斯在拉特摩斯山狩猎，看见一个酣睡的美少年恩底弥翁。阿

布格罗《山林女神》，1902 年，画布、油彩，长 180 厘米。
一大群山林女神互相拥抱着升向天际的场面，气势恢宏，优美绝伦。

雷诺阿《狩猎的戴安娜》，1867 年，画布、油彩，195 厘米 ×130 厘米。

近代绘画中的月神，已经淡化了“神”的一面。

布格罗《宁芙与萨提尔》，1873 年，画布、油彩，260 厘米 ×180 厘米。

这幅画描绘了半羊半人的萨提尔偷看仙女宁芙们洗澡，被仙女们逮住之后遭到捉弄的画面。

尔忒弥斯对他产生了爱情，她通过宙斯，以魔力让恩底弥翁永远在拉特摩斯山的绿荫下沉睡着，永葆美妙的青春，而她每天晚上都会与恩底弥翁亲昵一番。

她的爱情永远忠贞，直到现在，拉特摩斯山上的月光，比任何地方都要明亮、皎洁。擅长表现寓意、灵气等神话题材的英国画家华兹，有一幅《恩底弥翁》便是以此为题材创作的。

佚名《鹿边的戴安娜》，约1550年，大理石。
月神戴安娜时常化成小鹿，在山林中徘徊。

很多画家创作了月神在森林中与萨提尔狩猎、跳舞嬉戏的作品，至于月神戴安娜出浴的画和雕塑更加常见。例如，法国画家布歇的《休息的月神戴安娜》。我们还常见到头上有一弯新月或张弓搭箭的女人，这也是阿尔忒弥斯在绘画中的标志形象。法国著名画家威廉·阿道夫·布格罗于1902年创作的《山林女神》，描绘了一大群山林女神互相拥抱着升向天际的场面。这幅画气势恢宏，优美绝伦，画面前方的就是羊角仙萨提尔们。同样是布格罗的作品《宁芙与萨提尔》，则描绘了半羊半人的萨提尔偷看仙女宁芙们洗澡，被逮住之后遭到仙女们捉弄的画面。其中仙女宁芙们丰润洁白的肌肤和灵巧优美的肢体形象，与羊角仙萨提尔的尴尬、挣扎和不甘心，形成有趣的幽默场景。

希腊化时期有一座右手抽箭、左手护鹿的雕塑《凡尔赛的阿尔忒弥斯》（因藏于凡尔赛宫，故得名），就是阿尔忒弥斯的塑像。约1550年，佚名雕塑家创作了《鹿边的戴安娜》。

月神时常化成小鹿在山林中徘徊。有一次，海神波塞冬的两个孩子在森林里嬉戏，他们看见一头小鹿，于是拿起长矛就对着这头小鹿刺去，他们怎么会知道，那头小鹿就是狡猾的阿尔忒弥斯的化身！结果，哥哥刺中了弟弟，弟弟刺中了哥哥，两兄弟因此死于非命，而阿尔忒弥斯却从兄弟俩对刺的长矛下逃之夭夭。

《凡尔赛的阿尔忒弥斯》，约公元前 330 年，大理石，高 2 米。

阿尔忒弥斯右手抽箭、左手护着鹿。

在近代绘画和雕塑中，关于月神的作品也不少，但已经淡化了她作为神的一面，只表现她狩猎的内容。护猎是人类战胜大自然之后，从赖以为生的手段变成休闲娱乐的选项之一，因此，她就成了好猎者的保护神。印象主义画家雷诺阿就画过多幅关于阿尔忒弥斯的作品，《狩猎的戴安娜》就是其中的一幅，还带有那么一点拉弓搭箭的野性气息。

Aphrodite

爱与美的女神阿佛洛狄忒

从海水中诞生，集温柔、美丽与哀愁于一身的女神。

阿佛洛狄忒（罗马神名为：维纳斯）是爱和美的女神，她是希腊神话中最富有诗意的温柔女神。关于她的出生，有两种不同的传说。根据《荷马史诗》，她是宙斯和俄刻阿诺斯的女儿狄俄涅所生。

但在赫西俄德的《神谱》中有另一种记载：当克洛诺斯从塔尔塔洛斯出发，与其父亲乌拉诺斯争夺王位时，乌拉诺斯被克洛诺斯砍伤，他的血滴落在爱琴海中，泛起一阵又一阵海水的泡沫，突然从中间出现了一个美丽绝伦的少女。这个传说比较“可靠”，因为这个女神的名字“阿佛洛狄忒”，在希腊原文中的意思就是“出自海水泡沫”。

意大利文艺复兴时期的画家波提切利，于 1487 年第一个根据这个传说，创作了一幅著名的油画《维纳斯的诞生》，这成为后世楷模。法国画家雷东的《维纳斯的诞生》就是从这幅画作中得到的灵感。雷东只是把波提切利画作上的“贝壳托起爱神”改成“爱神诞生于贝壳之中”。雷东的神秘主义韵味和色彩，在这幅画中得到了充分发挥。19 世纪法国画家布格罗的《维纳斯的诞生》则让维纳斯站在雪白的贝壳上。维纳斯婀娜娇娆、肌肤胜雪，宛如刚刚从沉睡中苏醒。18 世纪法国著名画家布歇则创作了《维纳斯的凯旋》。

阿佛洛狄忒在奥林匹斯神族里，有着十分重要的地位。假如没有她，阿尔戈航行的神话就没办法结束，正是因为阿佛洛狄忒以爱神之箭使国王的女儿爱上伊阿宋，并告知他解决国王难题的方法，伊阿宋才能顺利取得金羊毛，回到希腊。假如没有阿佛洛狄忒，特洛伊战争的神话就没办法开始，因为正是在她的帮助之下，特洛伊王子才成功带回斯巴达国王的妃子海伦，而希腊人为了夺回海伦，才出兵攻打特洛伊，神人混战了十年之久。

波提切利《维纳斯的诞生》，1487 年，画布、蛋彩，175 厘米 ×280 厘米。

波提切利是第一个画裸体维纳斯的知名画家。女神在浪花之中升起，轻盈地站在贝壳上，一出生就是一位绝色女子。

她是爱神，使很多青年恋人获得了美满而幸福的生活。

据说，塞浦路斯国王皮格马利翁不爱塞浦路斯的姑娘，而爱上了自己用象牙雕的一尊女人像。皮格马利翁的痴情被阿佛洛狄忒知道之后，她立即给予象牙女郎以生命，成全了皮格马利翁的爱情，并为象牙女郎取名为加拉泰亚。

“皮格马利翁爱上雕像”这个主题，又是一个热门的神话创作题材。罗丹为这个痴情于雕塑中的皮格马利翁，创作了一尊大理石雕像。雕像中醉心于那个无生命的女性的男人，或许正是雕塑家自己的写照吧！ 1740 年，布歇创作了《皮格马利翁和加拉泰亚》。1763 年，艾蒂安 · 莫里斯 · 法尔科内也雕塑了《皮格马利翁和加拉泰亚》这座精美的塑像。

这个故事在现代还被引申为一种心理暗示的力量，称为“皮格马利翁效应”。这种效应通常是指人（一般是指孩童或学生）在被赋予更高的期望以后，他们会表现得比预期的效果更好的一种现象。

阿佛洛狄忒还是女人中的绝代佳人，她以胜过天后赫拉和智慧女神雅典娜的容貌而夺得金苹果。然而，她自身的遭遇却很不幸，她的丈夫是跛子赫菲斯托斯。阿佛洛狄忒只得到过战神阿瑞斯（罗马神名为：玛尔斯）的爱情，她与阿瑞斯生下了一个带有双翼的孩子，名叫厄洛斯（罗马神名为：丘比特）。据说，厄洛斯是一个盲孩，所以世上的爱情，总是有些悲剧、盲目或不尽如人意。

阿佛洛狄忒的丈夫赫菲斯托斯还铸成一张“无情的网”，把她与阿瑞斯偷情的情景网住，使她异常难堪、受尽羞辱。一个如此美丽又温柔的女神，受到这种不合理的遭遇，引起了神话学者的关注。

据研究，有学者认为阿佛洛狄忒在古希腊神话系统里是个外来的神，也有的学者认为她是古代西亚民族神话中的阿希塔尔特女神。又有人说她是东方民族中的神，例如，印度佛教神话中幸运和司美女神吉祥天（L. Acsmi），就与阿佛洛狄忒有些相似，吉祥天是由于诸天和阿修罗搅动海水，从海水的泡沫中出生的。

总之，大家都在为阿佛洛狄忒的待遇鸣不平。对神话学者而言，这种考据有

《阿佛洛狄忒的诞生——鲁多维奇宝座》，约公元前 460 年，大理石，高 104 厘米。

定名为“鲁多维奇宝座”的浮雕《阿佛洛狄忒的诞生》，表现了阿佛洛狄忒在海水泡沫中诞生的情节。

《米洛的维纳斯》，约公元前 100 年，大理石，高 204 厘米。

很多希腊艺术爱好者认为，《米洛的维纳斯》象征着古代希腊雕塑的最高水平。

布格罗《维纳斯的诞生》，1879 年，画布、油彩，300 厘米 ×218 厘米。

画面中，维纳斯站在雪白的贝壳上，身材婀娜娇娆、肌肤洁白胜雪，宛如刚刚从沉睡中苏醒。她的周围围绕着吹海螺的海神及可爱的天使，他们一同见证了维纳斯的诞生。

布歇《维纳斯的凯旋》，1740 年，画布、油彩，130 厘米 ×162 厘米。
阿佛洛狄忒在希腊神话中有着十分重要的地位。假如没有她，阿尔戈航行的神话就没办法结束。假如没有她，特洛伊战争的神话就没办法开始。

社会学的意义，但对画家而言，那只是一个典故而已，他们很爱这位女神，都愿意为她作画造像。

1820 年 4 月 8 日，爱琴海米洛岛的一个农民在挖地时，挖到了半尊女人的石雕残像，他立即根据这个线索在附近发掘，终于又发现了这尊残雕的下半身。这就是著名的《米洛的维纳斯》，雕像高达 2.04 米。这尊雕塑几经易手，现在被收藏在法国的卢浮宫里。

关于这尊雕塑的诞生年代，众说纷纭。被发现时，雕像右脚座基上留有一句铭文，上面刻着“马洛安德洛斯的阿狄奥革亚人哈革珊德洛斯作”。但是，这块带铭文的座基在辗转易手时，已经于 1821 年遗失。

雷东《维纳斯的诞生》，1912 年，画布、油彩，141 厘米 ×61 厘米。

法国画家雷东的画风充满神秘主义的韵味，他把波提切利名画中的“贝壳托起爱神”的唯美情境，改成“爱神诞生于贝壳之中”。

卡诺瓦《波莉娜·博尔盖泽夫人像》，1808 年，大理石，长约 200 厘米。

波莉娜是拿破仑的妹妹。雕塑家将她塑造成半裸身体、手持苹果的形象，象征着她有着与阿佛洛狄忒一样的美貌。

布歇《皮格马利翁和加拉泰亚》，画布、油彩，230 厘米 ×329 厘米。

唯一能作为考证的，是当时亲眼看见座基的第巴伊所留下来的一张线描。如果这张线描稿是确凿的，那么大致可以断定那是公元前 200～公元前 100 年的作品。有些学者则推定为公元前 150～公元前 50 年创作的，那么，这就不属于古代希腊的雕塑，而是属于希腊化时期的作品了。但也有人认为，这是公元前 4 世纪的作品。根据塑像本身的特点，有些学者认为若看雕塑头部的姿势，有公元前 4 世纪的史珂帕斯的风格，而从衣服的纹理来看，则有公元前 5 世纪末的菲狄亚斯的风格。

法尔科内《皮格马利翁和加拉泰亚》，1763 年，大理石。
塞浦路斯国王皮格马利翁，爱上了自己用象牙雕刻的一尊女人像。阿佛洛狄忒知道后，给了象牙女郎以生命，并为她取名为加拉泰亚。

很多希腊艺术爱好者们认为《米洛的维纳斯》象征着古代希腊雕塑的最高水平。但是，线描的铭文却与这种推论恰恰相反，于是，欧洲那些古代希腊艺术的爱好者和保护者们，就干脆不再承认第巴伊铭文的存在了。

这尊雕塑出土时双臂已断，后世有人做过一些模拟像，右手向下握着衣裙（塑像的右侧腰部衣纹处似有指痕），左手高举过头顶，握着一个金苹果。如果这种模拟可靠，看来是与特洛伊战争的题材有关。有一座定名为“鲁多维奇宝座”的浮雕《阿佛洛狄忒的诞生》，则表现了阿佛洛狄忒在海水泡沫中诞生的情节。

阿佛洛狄忒的形象，在 18～19 世纪古典主义雕塑流派中，曾经有过拟人化的处理。例如，意大利雕塑家卡诺瓦的《波莉娜·博尔盖泽夫人像》就是模仿古希腊雕塑的典型作品。主人公半裸着身体，手持苹果，象征着这位拿破仑的妹妹有着与阿佛洛狄忒一样的美貌。也有用人间化的手法塑造这位女神，例如马约尔的《戴项链的维纳斯》就是在塑造健美的人体。巴洛克著名画家鲁本斯的《美惠三女神》，以体态丰满的女性为审美取向，那是鲁本斯心目中美神的象征形体。

鲁本斯《美惠三女神》，1636～1638 年，画布、油彩，221 厘米 ×181 厘米。
巴洛克著名画家鲁本斯的这幅作品，以体态丰满的女性作为他创作时的审美标准。

莱顿《赫斯珀里得斯姊妹的花园》，1892 年，画布、油彩，86 厘米 ×17 厘米。

画面中三姊妹正靠着金苹果树休息，而传说中的那头龙化成了一条蛇，缠绕在树干与女孩的身上。

拉斐尔《赫斯珀里得斯》，约 1503~1504 年，木板、油彩，17 厘米 ×17 厘米。

赫斯珀洛斯的 3 个总名为赫斯珀里得斯的女儿也拥有金苹果，她们是赫拉的金苹果树的守护者。

但是，我们不能因此认为所有手持苹果的女神全都是阿佛洛狄忒，其实，赫斯珀洛斯的 3 个总名为赫斯珀里得斯的女儿也有金苹果，因为她们是赫拉的金苹果树的守护者。拉斐尔就以此为题，创作过一幅油画《赫斯珀里得斯》(即《美惠三女神》)。

英国画家莱顿爵士的《赫斯珀里得斯姊妹的花园》，就是描绘这三姊妹被天后赫拉派去看守金苹果树的场景。这棵金苹果树长在世界的尽头，被一头永远不会睡着的龙看守着。这是宙斯的母亲在宙斯与赫拉的婚礼上，送给赫拉的礼物。画面中三姊妹正靠着金苹果树休息，而传说中的那头龙化成了一条蛇，缠绕在树干与女孩的身上。

Adonis

青春美少年阿多尼斯

爱神将他变成了一朵火红的秋牡丹，天天为他垂泪。

爱神阿佛洛狄忒给皮格马利翁爱上的象牙雕像女郎以生命之后，女郎与皮格马利翁生了一个儿子，名叫喀倪刺斯。喀倪刺斯与肯刻瑞伊斯又生了一个女儿，名叫密耳拉。可怜的密耳拉为命运所嘲弄，爱上了自己的父亲，乱伦怀孕，终于羞愧至死，变成一棵没药树。不久，树身爆裂，出现了一个孩子——长大后被阿佛洛狄忒日夜追求的美少年阿多尼斯。

19 世纪的英国画家伯恩·琼斯曾经以皮格马利翁的故事创作了一组四幅的组画，分别以“心灵欲求”“手的抑制”“神性燃烧”与“灵魂获得”来描绘这则故事。当时伦敦正在上演由吉尔伯特创作的戏剧作品《皮格马利翁与加拉泰亚》。可见，当时这个唯美的爱情题材是多么受人们的喜爱。

阿佛洛狄忒驾着天鹅车下凡，向阿多尼斯求爱，但那个因母亲乱伦而生的儿子，却远远地逃避爱的罗网。有一天在打猎时，阿多尼斯不幸被野猪的獠牙活活挑死。阿

伯恩·琼斯《皮格马利翁与雕像之“灵魂获得”》，1868～1878 年，画布、油彩，98 厘米 x 75 厘米。

伯恩·琼斯以皮格马利翁的故事创作了一组四幅的组画，分别以“心灵欲求”“手的抑制”“神性燃烧”与“灵魂获得”来描绘这则故事。在这幅作品中，雕像已经真真切切地由真人取代。

提香《维纳斯和阿多尼斯》，约 1554 年，画布、油彩，177 厘米 ×187 厘米。

维纳斯（阿佛洛狄忒）驾着天鹅车下凡，向阿多尼斯求爱，但这个因母亲乱伦而生的儿子，却远远地逃避爱的罗网。

皮翁博《美少年阿多尼斯之死》，约 1512 年，画布、油彩，189 厘米 ×295 厘米。

阿多尼斯不幸被野猪的獠牙活活挑死，阿佛洛狄忒闻讯赶到，但为时已晚，她怕他的尸体被太阳晒枯，便将他的尸体化成一朵秋牡丹。

委罗内塞《维纳斯与入睡的阿多尼斯》，约 1580 年，画布、油彩，212 厘米 ×191 厘米。

阿多尼斯沉睡在维纳斯的腿上，维纳斯的手轻抚着阿多尼斯的头发，爱慕之情洋溢在画面里。

佛洛狄忒闻讯赶到，但为时已晚，她怕他的尸体被灼热的太阳晒枯，于是将阿多尼斯的尸体化成一朵火红的秋牡丹。

阿佛洛狄忒对阿多尼斯强烈的爱，还是难以平静，她整天对着秋牡丹流着眼泪，倾诉衷肠，终于感动了冥王哈迪斯。哈迪斯开恩，允许已进入冥国的阿多尼斯在一年之中，有 6 个月的时间可以回到光明的大地，与阿佛洛狄忒一起生活。

这是属于希腊神话后期的罗马神话系统里的故事，与希腊的关于春神珀耳塞福涅的神话一样，反映了古罗马人民对于季节的看法。在古罗马，每年春天都会举行阿多尼斯节，节日盛况可与古希腊的酒神节相媲美。

关于阿佛洛狄忒与阿多尼斯的故事，一直是欧洲文学与艺术的重要题材。提香曾经创作过几幅关于爱神的画。其中《维纳斯和阿多尼斯》表现了爱神紧紧抱住阿多尼斯、向他求爱的场面，浓浓的情爱气息溢出画面之外。塞巴斯蒂亚诺·德·皮翁博也曾经创作《美少年阿多尼斯之死》，画面中除了阿多尼斯之外的那群人，对于倒地不起、深受重伤的阿多尼斯，束手无策。

与提香、丁托列托并称“16 世纪意大利威尼斯画派三杰”的委罗内塞，也创作过一幅《维纳斯与入睡的阿多尼斯》。这是一幅精彩的画作，画面中的阿多尼斯沉睡在维纳斯的腿上，维纳斯的手轻抚着阿多尼斯的头发，爱慕之情洋溢在画面里。维纳斯的眼神看着小爱神丘比特手中抱着的猎犬，仿佛正在叫它不要吵闹，以免扰了阿多尼斯的睡眠。

在罗马庞贝城的壁画中，阿佛洛狄忒与阿多尼斯的恋爱故事也是主要题材之一。《受伤的阿多尼斯》的壁画，表现了被一群妇女簇拥着的阿多尼斯，但他已濒于死亡。

Hephaestus & Eros

冶炼神赫菲斯托斯与爱神之子厄洛斯

为什么象征美与爱的阿佛洛狄忒，不仅不爱她的丈夫，还破坏儿子的爱情？

冶炼神赫菲斯托斯（罗马神名为：伏尔甘）是奥林匹斯神族中的一位奇特的神。通常神都是美丽年轻的，他们不事劳动，永远年轻，过着幸福快乐的生活，唯独冶炼神赫菲斯托斯是个其貌不扬的跛子。

赫菲斯托斯是宙斯和赫拉所生的孩子。由于他长得奇丑无比，谁也不想管他。有一次，他的父母发生争吵，赫菲斯托斯跑去劝架，反而被宙斯一脚从天上踢了下来，直跌到拉姆诺斯岛上。这一脚对赫菲斯托斯来说，好坏参半。坏处是摔断了腿，成了跛子。好处是在拉姆诺斯岛上学到了一手巧工艺，锻冶铸造样样都会，泥水木作样样精通。

数年之后，经酒神狄俄尼索斯的规劝，赫菲斯托斯回到了奥林匹斯山附近的爱特纳山上，开了一家“铁匠铺”，与巨人族库克罗珀斯们一起为众神制作用具、甲胄、武器等。

他的手艺真的是鬼斧神工，人间美丽的“祸害”厄庇墨透斯的妻子潘多拉，就是出自冶炼神的创造。特洛伊战争中那件著名的刀枪不入的“阿喀琉斯甲胄”也是他的产品。他就像一个普通人一样，根本不参加奥林匹斯神族的聚会，希腊诸神也只把他当成是一个工匠来使唤。

在古希腊的雕塑和绘画中，关于赫菲斯托斯的作品也不少。他的铁工厂曾经一再地在浮雕或彩绘陶器上出现，例如公元前 2 世纪的一幅罗马时期的浮雕，就生动地表现了赫菲斯托斯正在锻造著名的雅典娜盾牌的场景。

尽管赫菲斯托斯长得十分丑陋，但是他的妻子却是神界最美丽的女神阿佛洛狄忒，至于他们是怎么相爱的，爱神阿佛洛狄忒又为什么会爱上他，实在是个不解之谜。意大利画家提埃坡罗创作的《维纳斯与伏尔甘》可谓一幅难得的夫妻画像。

提埃坡罗《维纳斯与伏尔甘》，约1758～1760年，画布、油彩，69厘米 ×87厘米。

尽管冶炼神赫菲斯托斯长得很丑，但他的妻子却是神界最美丽的女神阿佛洛狄忒。意大利画家提埃坡罗的这幅作品，难得的是将这对夫妻画在一起。

委拉斯凯兹《伏尔甘的铁匠铺》，1631年，画布、油彩，223厘米 ×290厘米。

左边的太阳神阿波罗，正把爱神阿佛洛狄忒和战神阿瑞斯勾搭的事，告诉爱神的丈夫。

17 世纪的西班牙画家委拉斯凯兹，在 1631 年画了一幅《伏尔甘的铁匠铺》，就是以赫菲斯托斯的故事为题材，描写太阳神阿波罗把阿佛洛狄忒和战神阿瑞斯勾搭的事情告诉赫菲斯托斯。

画中的阿波罗（头上有光芒者）正在跟他旁边的赫菲斯托斯诉说这件事。赫菲斯托斯听到了这个消息非常气愤，当天，他就制作了一张细到肉眼都看不清楚的铜网，偷偷地撒在阿佛洛狄忒的床上，捉住了正在偷情的阿佛洛狄忒与阿瑞斯。

委拉斯凯兹的这幅作品表现的虽然是神话题材，但画家并没有把它神秘化，画中的铁匠铺就是当时西班牙城镇中的小铁匠铺的实景。

丁托列托的《爱神、冶炼神与战神》，把这个三角关系画得十分传神。爱神慵懒地躺靠在床上，姿态性感。她的丈夫冶炼神的神情则十分不自在，笨手笨脚地撩

丁托列托《爱神、冶炼神与战神》，约 1551～1552 年，画布、油彩，134 厘米 ×198 厘米。

这幅作品，把爱神、冶炼神与战神之间的三角关系画得十分传神。爱神慵懒地躺靠在床上，姿态性感。她的丈夫冶炼神的神情则十分不自在，笨手笨脚地撩起床单的一角，想要赶紧盖住妻子光裸的身体。至于那个躲在桌子底下，头戴钢盔、身披铠甲，探出头露出狡黠神情的战神，则像一个偷情不着、见不得光的人。

波提切利《维纳斯与战神》，1483～1486 年，画板、蛋彩，69 厘米 ×173 厘米。
波提切利以修长的身体与俊美的容貌来描绘主角。画面中维纳斯深情地凝望着沉睡中的赤裸战神，羊角仙萨提尔们在一旁玩着战神的铠甲、头盔，吹响着海螺。

起床单的一角，想要赶紧盖住妻子光裸的身体。至于那个躲在桌子底下，头戴钢盔、身披铠甲，探出头露出狡黠神情的战神，则像一个偷情不着、见不得光，恰巧被发现而赶紧躲起来的人。

委罗内塞与波提切利各有一幅《维纳斯与战神》的作品。波提切利是当时意大利佛罗伦萨唯一一位受到希腊神话与传说启发的艺术家，他以一种近乎虔诚的态度来描绘这些神话题材。他创作的《维纳斯与战神》中的人物，都有着他天性中诗人般纤细的想象。他以修长的身体与俊美的容貌来描绘这些不食人间烟火的神祇，而不像其他画家笔下那些丰腴的躯体与壮硕的外形。画面中维纳斯深情地凝望着沉睡中的赤裸战神，而羊角仙萨提尔们则在一旁玩着战神的铠甲、头盔，吹着海螺。

而委罗内塞的《维纳斯与战神》则以赤裸的维纳斯与身穿铠甲的战神来铺陈画面，恰恰与波提切利的作品相反，但调情意味浓厚。

谈完阿佛洛狄忒的丈夫，我们再来说说她的儿子。

对于人间青年男女真诚的爱，阿佛洛狄忒始终热烈地支持，让他们最终得到爱的归宿。然而，她对待自己的孩子厄洛斯的爱情，却异常残酷无情。

某国国王有 3 个女儿，个个都长得姿色出众，尤其是三女儿普赛克更加美丽。对一个凡人来说，与其空想无形的神明，还不如欣赏有形的佳人普赛克。于是在这个国度里，阿佛洛狄忒就渐渐地失去了人们的祭祀。

阿佛洛狄忒知道原因后，便对普赛克产生了嫉恨心。她立即叫她的孩子厄洛斯过来，命令他用魔力毁掉普赛克的一生。简单来说，就是要他以一支金箭射在普赛克的身上，害她爱上一个丑陋的男人，而这个男人又必须要中了厄洛斯的铅箭，永远憎恨普赛克的爱。

厄洛斯接受了母亲的可怕命令，展翅飞向普赛克的家乡。

但是，当他见到了普赛克之后，还没射出金箭，自己反而被普赛克的美丽击中，顿时产生了强烈而浓郁的爱情。于是，厄洛斯化成一个无形的精灵与普赛克结了婚，并且为她建造了一座宫殿，每天晚上飞来与她幽会。普赛克虽然看不见她的爱人，但由于厄洛斯对她非常温柔，她感到无比幸福，于是她深信自己的命运是美好的。不久之后，她就怀孕了。

此事被普赛克的两个姐姐知道了，她们就诱惑她，唆使她要设法看看自己的丈夫长什么样。

委罗内塞《维纳斯与战神》，1580年，画布、油彩，206厘米×161厘米。

画家以赤裸的维纳斯与身穿铠甲的战神来铺陈画面，调情意味浓厚。

普赛克哪里会知道，当她看见厄洛斯之时，就是她痛苦经历的开始之日。那天晚上，她掌灯看了一眼厄洛斯，但人间的灯火灼伤了厄洛斯无形的身躯。普赛克后悔自己的鲁莽行为，决心亲自到厄洛斯的母亲阿佛洛狄忒那儿去请罪。

当阿佛洛狄忒亲眼见到普赛克本人，也无法不叹服于她的美貌，但阿佛洛狄忒竟狠心地给了普赛克各种毒辣的责罚，想要毁掉这个美丽的女人。但是，普赛克得到了天地万物的帮助，以她对厄洛斯忠贞的爱情和纯洁善良的心灵，接受了阿佛洛狄忒的惩罚。

厄洛斯知道普赛克为了爱他而受到母亲的折磨时，深受感动。他病愈之后，逃脱了母亲的看管，去宙斯那里控诉自己那无情的母亲。这时，他得到了奥林匹斯诸神的帮助，救出了可怜的普赛克。

在希腊神话中，普赛克的形象引起许多艺术家的注意。一个女人只因为长得美丽，就受到神如此残忍的惩罚，显然损伤了人类的尊严。文艺复兴之后，特别是在

普吕东《西风神劫走普赛克》，1808 年，画布、油彩，195 厘米 ×157 厘米。

法国画家普吕东的画作，表现普赛克在厄洛斯和小爱神们的簇拥下，被风神送向厄洛斯为普赛克建造的宫殿。

弗朗索瓦·热拉尔《普赛克第一次接受爱神之吻》，1798年，画布、油彩，186厘米×132厘米。
厄洛斯对普赛克一见钟情，不仅忘了母亲的命令，还化成无形的精灵与普赛克结婚，并为她建造了一座宫殿，每天晚上飞来与她幽会。

卡诺瓦《拯救普赛克的厄洛斯》，1787～1793年，大理石，高135厘米。
意大利雕刻家卡诺瓦的这座雕塑，强调了厄洛斯与普赛克两人的纯真爱情。

浪漫主义思潮盛行的时代，普赛克被赞颂为“人类灵魂的化身”。这一对历尽艰险、坚贞不屈的恋人，受到了艺术家们的歌颂与赞扬。意大利雕刻家卡诺瓦有一座《拯救普赛克的厄洛斯》的雕塑，强调了两小无猜的年轻人纯真的爱情。

在表现普赛克的题材中，法国画家普吕东的《西风神劫走普赛克》是一幅著名的油画，它表现普赛克在厄洛斯和小爱神们的簇拥下，被风神送向厄洛斯为普赛克建造的宫殿。法国画家弗朗索瓦·热拉尔的《普赛克第一次接受爱神之吻》则极具诱惑力。画面中，厄洛斯拥抱着普赛克，亲吻普赛克的额头，显露出他对普赛克浓浓的爱恋与深情。

Dionysus

酒神狄俄尼索斯

既能赤手空拳活捉狮、虎、豹等猛兽，又能酿出甘醇的葡萄酒。

酒神狄俄尼索斯（罗马神名为：巴库斯）是古希腊时期的一个很重要的神。

每年春季葡萄藤发芽和秋收的时节，是古希腊重要的节日。有关狄俄尼索斯的故事，是文艺复兴时期，特别是18～19世纪的画家们最喜爱画的神话题材之一。米开朗基罗于1496年创作了雕塑《酒神巴库斯》。酒神右手举着盛葡萄酒的酒杯，左手抓着包裹葡萄的布袋，象征葡萄成熟酿成佳酿的丰收季节。

狄俄尼索斯是宙斯和卡德摩斯的女儿塞墨勒的儿子。塞墨勒因为硬要看宙斯的雷电而被击死，留下了这个孩子。宙斯怕赫拉会心生歹意害死这个小孩，便在他自己的腿肚子上划开了一个洞，把这个孤儿藏在里面。

而狄俄尼索斯的希腊原文的意思是"宙斯跛子"。

后来，宙斯把狄俄尼索斯交给了神使赫耳墨斯抚养，赫耳墨斯又把孩子托付给伊诺和瑞亚来教育。她们在诺沙山教狄俄尼索斯打猎、驯服野兽，希望他能够成为一个好猎人。后来，他居然能赤手空拳地活捉狮、虎、豹等猛兽，而且还能将它们一一驯服，来为他拉车。

米开朗基罗《酒神巴库斯》，1496～1497年，大理石，高203厘米。
有关酒神狄俄尼索斯的故事，是文艺复兴时期的画家最爱创作的神话题材之一。

后来狄俄尼索斯成了一个勇猛又善良的青年，常常和朋友们一起坐着豹子拉的车子，四处狩猎、游玩。由于他在诺沙山上受伊诺和瑞亚教育时，得到老羊角仙潘的儿子塞勒诺斯的保护，所以狄俄尼索斯和潘族的萨提尔们都十分友好。

鲁本斯《酒神巴库斯》，1638～1640 年，画布、油彩，191 厘米 ×161 厘米。

狄俄尼索斯能够成为酒神，是因为他发现了用葡萄酿酒的技术。他把这甘醇的饮料献给了奥林匹斯的神，希腊人民也得到了他的恩赐，这也是酒神节的来历。

在表现酒神的画作中，常常可以看到一大群喝着葡萄酒、醉得颠三倒四的羊角仙和美丽的宁芙等山精女妖，吹打着乐器的狂欢行列。鲁本斯是描绘这种狂欢行列的老手。1618 年，他画了一幅《酒神节的狂欢》。画面上美丽而疯狂的女人，原本是得勒刻地方的姑娘，她们因为歌手俄耳甫斯在妻子欧律狄刻死了以后不愿再操琴而发狂，疯狂中的这群得勒刻姑娘误杀了俄耳甫斯。从此，她们就在山林中与萨提尔们一起成天吃喝玩乐。1638～1640 年，鲁本斯又创作了《酒神巴库斯》。画面中的酒神胖嘟嘟，颇有纵情欢乐的模样。

狄俄尼索斯能够成为酒神，是因为他发现了酿制葡萄酒的秘密。

有一次，他的一个好友因为决斗而死，狄俄尼索斯含泪将他埋葬了。不久之后，坟墓上长出一根葡萄藤，上面结满紫红色的葡萄。他把葡萄汁榨在牛角杯里，喝了以后，顿感兴奋异常，这就是最初的葡萄酒。他把这种甘醇的美酒献给了奥林匹斯山上的神，同时，希腊人民也得到了他的恩赐，这便是酒神节的由来。

在古希腊雕塑中有不少表现酒神的雕塑，其中有两座表现幼年时期的酒神——《幼年的狄俄尼索斯》和《赫耳墨斯和幼年的狄俄尼索斯》，十分著名。另外还有一幅《宴饮时的狄俄尼索斯》的浮雕，表现狄俄尼索斯在宴会上喝得醉态毕露，被萨提尔们扶在床榻上的情景。这幅浮雕反映了古希腊人的实际生活。

而提香创作的《酒神祭》，描绘了狄俄尼索斯来到爱琴海中的一个小岛安德罗斯的情景。当时正值酒神祭的节庆，他看到了喝醉酒的阿里阿德涅（在画面右下方裸睡着的女孩），并对她一见钟情。阿里阿德涅是神话中克里特岛国王米诺斯的女儿。

提香《酒神祭》，1518～1520 年，画布、油彩，175 厘米 ×193 厘米。

这幅画描绘了狄俄尼索斯来到爱琴海中的一个小岛安德罗斯的场景。当时正值酒神祭的节庆，他看到了喝醉酒的居民和阿里阿德涅。

提香《酒神与阿里阿德涅》，1522～1523年，画布、油彩，175厘米×190厘米。

画面描绘的是狄俄尼索斯见到阿里阿德涅时，从自己坐的车上飞奔下来的场景。这幅画作经常被用来当作歌颂生命、青春与欢乐的象征。

鲁本斯《酒神节的狂欢》，约 1618 年，木板、油彩，205 厘米 ×211 厘米。

在表现酒神的画作中，经常可以看到一大群喝着葡萄酒的羊角仙、美丽的宁芙等山精女妖，吹打着乐器的狂欢行列。

她用线团和魔刀帮助忒修斯杀死了怪兽弥诺陶洛斯，并帮助他顺利地走出迷宫。当天夜里，忒修斯带着阿里阿德涅开始逃亡，来到纳克索斯岛上，这时命运女神出现在忒修斯的梦中，并且告诉他："你们的爱情将不被祝福，它会给你们带来厄运。"

忒修斯深爱着阿里阿德涅，但是他深知自己无力对抗神的预示。因此，他醒来之后，便驾着船离开了小岛，留下悲痛欲绝的阿里阿德涅独自在岛上哭泣。就在她悲伤痛苦之际，酒神狄俄尼索斯满怀激情地来到她的身边。酒神对阿里阿德涅一见钟情。提香在《酒神与阿里阿德涅》这幅画作中，描绘了狄俄尼索斯见到阿里阿德涅时，从自己坐的车上飞奔下来的场景。提香是掌握光的明度与空气感方面最具典型的画家。画面上狄俄尼索斯飞扬着卷发，红色斗篷迎风起舞，成为画面中的焦点。左下方身穿蓝色衣服的阿里阿德涅好像是受到了些许惊吓，神情显得有些慌乱。这幅画作经常被用来当作歌颂生命、青春与欢乐的象征。

Hermes & Ganymede

贼王赫耳墨斯与酒侍伽倪墨得斯

一个是宙斯的传令官兼节目主持人，一个是被宙斯的神鹰强行叼走而成为众神的酒侍。

在奥林匹斯山上的宙斯宫殿里，有许多专门侍候宙斯的人，其中最著名的是号称“贼王”的赫耳墨斯，以及莫名其妙被宙斯抓来倒酒的酒侍伽倪墨得斯。

赫耳墨斯（罗马神名为：墨丘利）是宙斯和以肩顶天的巨神阿特拉斯的女儿迈亚所生的儿子。

他是神话中最有趣的年轻的神。传说赫耳墨斯生于库勒涅山。他刚出娘胎的第一天就力大无比，跳出摇篮就开始横冲直撞。他刚出门不久，便杀死了一只大龟，然后将龟背套上一对羊角，绑上几根羊肠线，做成了一架“琴”。这是一切乐器的起源。

他一路弹琴、一路闯祸，走了没多久便饥饿难耐，这时，他恰巧遇到了阿波罗的牛群，于是毫不客气地偷吃了两头牛。接着，他把一个看见他偷牛而又不愿意为他的偷窃行为守口如瓶的老头，变成了试金石。

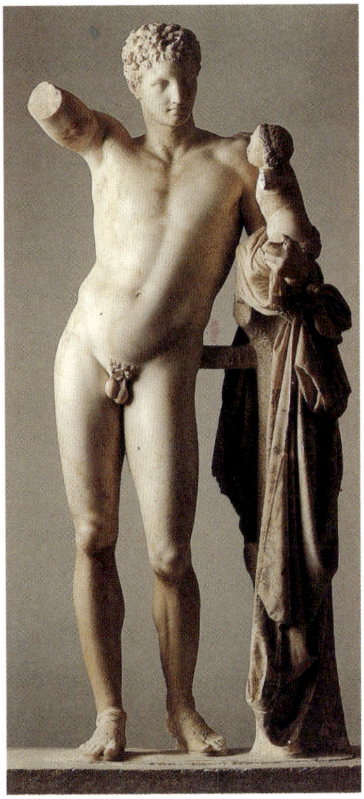

普拉克西特列斯《赫耳墨斯和小酒神》，约公元前100年，大理石，高215厘米。

这座雕塑被挖掘出来时，右臂和双腿膝盖以下的部分已缺失，后来有人把它补全。赫耳墨斯右手高举着一串葡萄正在逗弄小酒神，神态逼真。

柯勒乔《维纳斯、赫耳墨斯与丘比特》
约1520～1525年，画布、油彩，155厘米×91厘米。
赫耳墨斯头戴具有隐身功能的双翼飞帽，脚穿可以飞翔的双翼飞鞋。

伦勃朗《伽倪墨得斯》
1635年，画布、油彩，171厘米×130厘米。
这幅画表现了小伽倪墨得斯被鹰叼走时惊恐万状的神态。

当他偷牛的事情被阿波罗发现之后，阿波罗把小赫耳墨斯抓到宙斯那里去了。赫耳墨斯只好将他的琴当作赔偿送给了阿波罗，并以教阿波罗琴艺作为条件，交换了原本由阿波罗豢养的牛群，从而成为保护畜牧的神。

由于赫耳墨斯出生后不久就做了小偷，所以，他还被世间的小偷们尊称为“贼王”。同时，他在奥林匹斯与阿波罗争辩时，宙斯见他能说会道，就命令他当了商业神及奥林匹斯神族的传令官，另外还让他兼任宙斯本人的通讯员，更让他成为各种节庆的主持人。

直到现在，赫耳墨斯还是欧洲邮政事业的象征。他的形象是头戴双翼飞帽（有隐身的功能），脚穿双翼鞋，手拿缠有双蛇的和平神杖[①]。

赫耳墨斯的妻子是雅典城的奠基人刻克洛普斯的女儿——美丽的赫尔塞，他们是在一次祭祀雅典娜的节庆中认识的。

在绘画作品中，专门描绘赫耳墨斯的画作并不多，但在很多古希腊神话题材画中却都非有他不可，例如伊俄的故事、特洛伊战争起源的故事、宙斯的若干故事，都与赫耳墨斯有关。

1877 年，考古学家们在奥林匹斯山的赫拉神庙废墟内，发现了一座雕塑《赫耳墨斯和小酒神》。据说，它是公元前 4 世纪希腊雕塑家普拉克西特列斯的杰作，也是流传到现在的比较完整的一座古希腊雕塑原作。这座雕像被挖掘出来时，右臂和双腿膝盖以下部分已缺失，后来有人把它补全。赫耳墨斯右手高举着一串葡萄正在逗弄小酒神，神态逼真，的确是古希腊雕塑中的优秀作品。

在 16 世纪柯勒乔的《维纳斯、赫耳墨斯与丘比特》中，可以看到赫耳墨斯头戴具有隐身功能的双翼飞帽，脚上穿着可以飞翔的双翼飞鞋。赫耳墨斯旁边站着的是维纳斯，他们在共同教育小丘比特。整幅作品充满神秘又浪漫的风格。

宙斯是一个最会享福的神，他坐镇在奥林匹斯神殿中，有赫耳墨斯为他在神界、人间、地狱到处跑。在神殿里，还有专门侍候他的侍从，平日里为他管理神殿，酒宴时为他斟上琼浆玉液。最早，他的斟酒者是他和赫拉所生的女儿——青春女神赫柏，在赫柏嫁给升天为神的赫拉克勒斯以后，宙斯又找到了美少年伽倪墨得斯。

伽倪墨得斯是特洛伊王特洛斯和卡利洛厄的儿子。

有一次，他在伊大山玩耍的时候，被驾着金车在天空飞驶的宙斯看见了，宙斯就想让伽倪墨得斯来做自己的酒侍，于是宙斯立即命令倚在他身边的神鹰去抓伽倪墨得斯。神鹰飞出宙斯的金车，直飞伊大山，叼起伽倪墨得斯就飞回奥林匹斯山。每当神殿宴客，伽倪墨得斯就得替众神斟酒。为了赔偿伽倪墨得斯父母的损失，宙斯派遣赫耳墨斯送了两匹神马给他们。

文艺复兴时期的柯勒乔和 17 世纪的伦勃朗，都以伽倪墨得斯为题材创作过油画。前者表现伽倪墨得斯虽被鹰叼上天，但却微笑以待，表示愿意上天侍候宙斯诸

---

① 这个神杖名为卡杜喀乌斯。据说，宙斯将神杖赠送给赫耳墨斯时，赫耳墨斯为了要试试看此杖是否真的具有“和平”的功能，于是往地下一看，恰好在地上看见两条正在斗殴的蛇，他便把神杖向它们一指，两条蛇就紧紧缠住了神杖。这是双蛇神杖的由来。

达米阿诺·马扎《伽倪墨得斯》，1570~1590 年，画布、油彩，177 厘米 ×187 厘米。
宙斯命令神鹰去抓美少年伽倪墨得斯，带回奥林匹斯山当他的酒侍，为众神斟酒。

神，而伦勃朗则表现小孩被鹰叼时惊恐万状的神态。这说明在处理神话题材时，因年代的推移，画作逐渐表现出人类的情感。

而达米阿诺·马扎于 1570 年开始创作的《伽倪墨得斯》，则以独特的视点给这个题材以不同的诠释。少年伽倪墨得斯被捆绑在神鹰的背上，被神鹰带着飞回宙斯的神殿。画面上虽然看不见伽倪墨得斯的面容，但他的肢体语言告诉我们，他的心情忐忑不安。

The Fates

命运三女神

她们操纵着所有神与人的命运线，谁也逃脱不掉。

泰坦神族中代表正义和法律的女神忒弥斯，是宙斯的第二个妻子。忒弥斯与宙斯生了两胎三胞胎——共 6 个女儿。第一胎为岁时三女神，管理秩序（欧诺弥亚）、公正（狄刻）与和平（厄瑞涅）；第二胎为命运三女神，即纺织生命线的克洛托、分配生命度数的拉克西丝和收回生命线的阿特洛波斯。

命运三女神的职权超过一切，无论是神或是人都不能违抗命运。

即使宙斯是万神之王，掌管天地万物，权力无穷大，但他自己的命运也必须受

帕提农神庙的雕刻《命运三女神》，约公元前 438～公元前 433 年，大理石，高 139 厘米，长 233 厘米。
在希腊的神话世界里，大家都认为自己的命运受到三女神的掌握，她们 3 个人是冥王在人间的代理人。

梵蒂尔登《命运三女神》，约 1647 年，画布、油彩，274 厘米 ×195 厘米。
宙斯是万神之王，掌管着天地万物，但他自己的命运，也必须受到命运三女神的操纵。

到这3个女神的制约，不能自己决定。在希腊，大家也都认为自己的命运，是受到命运三女神的掌握，她们3个人是冥王哈迪斯在人间的代理人。

人类从出生一直到死亡，都不能违抗命运三女神的意志，而神也不能逾越自己的权限，以至于神和人都对命运三女神望而生畏。她们是通过纺织的丝线长度，来代表一个人寿命的长短。这三位女神并不代表死亡，而是命运中重大事件的决策者，命运一旦决定就无法改变。

在3个命运女神中，第一位叫作克洛托（命运的纺线者），她负责将生命线从她的卷线杆缠到纺锤上，在罗马神话中象征怀孕第9个月的女神。第二位叫作拉克西丝（命运的决策者），她负责丈量丝线、掌管人的生命长度。第三位叫作阿特洛波斯（命运的终结者），她是负责剪断生命线的人，正是她用那“令人痛恨的剪子”决定了人的死亡。因此，米开朗基罗笔下的《命运三女神》，是3个手持纺锤、严肃冷酷的耄耋老妪。

雕塑艺术中象征命运三女神的作品不少。在雅典卫城的帕提农神庙的东门三角额墙上的以雅典娜诞生为题材的装饰雕塑中，有一组命运三女神的雕塑，只可惜残缺不全，无法一窥全貌。而梵蒂尔登所绘制的《命运三女神》则较接近我们对于神话世界的想象，其中一个女神手持纺锤，象征着她们实质掌握着神与人的命运，谁也无法违逆。

Heracles

大力士赫拉克勒斯

他选择艰苦却造福人类的英雄道路，却因半人马设下的魔血毒计而魂断人间。

在希腊神话中，凡是宙斯与凡间女子所生的小孩，都是神话中的英雄（即半神）。他们一定要在人间做些有益的事，才能成为天神而被纳入奥林匹斯神族。赫拉克勒斯（罗马神名：赫丘利）就是这些英雄中最伟大的一位。

赫拉克勒斯是宙斯与底比斯城女王阿尔克墨涅所生的儿子。赫拉克勒斯一出生就力大无穷，但天后赫拉一得知赫拉克勒斯的出生，就派两条毒蛇去咬还在襁褓中的婴儿。不料，这两条毒蛇反被小赫拉克勒斯掐死。古罗马雕塑《掐死毒蛇的赫拉克勒斯》，说的就是这个故事。

拉斐尔《骑士的梦》，1504年，木板、蛋彩，17厘米×17厘米。

赫拉克勒斯拒绝了爱神为他安排的安逸享乐的一生，欣然接受了雅典娜为他指出的一条极为艰苦却能造福人类的道路。

鲁本斯《银河》，1636～1638 年，画布、油彩，181 厘米 ×244 厘米。

毒蛇计失败之后，天后赫拉决定把小赫拉克勒斯捉到天上去。这时，小赫拉克勒斯因饿急而吸起赫拉的奶水。被吸出来的奶汁撒在天空中，形成了天上的银河。

赫拉发现毒蛇咬不死小赫拉克勒斯，于是就把他捉到天上去了。

当赫拉抱着赫拉克勒斯上天时，小孩因为饿急了，于是吸吮起赫拉的奶水。赫拉大怒，就将小孩扔出怀抱，结果赫拉克勒斯又掉回人间。被赫拉克勒斯吸出来的奶汁，撒在空中就成了天上的银河。鲁本斯在 1636 年于西班牙旅行期间画了一幅《银河》，就表现了这个有趣的神话。画面中的赫拉急着将自己的乳头从小孩的嘴里拉回来，喷洒而出的乳汁星星点点，形成了美丽的银河。

后来，赫拉克勒斯在底比斯城接受良好的教育，十八般武艺样样精通。

因为他是宙斯的孩子，所以雅典娜、阿波罗、赫耳墨斯等都当过他的良师，并且送给他珍贵的武士装备，但是他根本没有用过这些贵重的东西，他只披了一件被自己杀死的尼米亚猛狮的皮所制成的衣服，而他的武器则是大名鼎鼎的赫拉克勒斯大棒。

当赫拉克勒斯长大成人之后，便辞别亲人出去找事做。他碰到了阿佛洛狄忒和雅典娜两位女神，这两位女神为他指引了两条人生道路。赫拉克勒斯拒绝了阿佛洛狄忒为他安排的安逸享乐的一生，欣然接受了雅典娜为他指出的一条极为艰苦却能造福人类的道路。这被称为“赫拉克勒斯的道路”，一直被欧洲艺术家赞颂。拉斐尔曾以此为题材创作了一幅《骑士的梦》，表现了文艺复兴时期人文主义的理想需要出现自己的英雄。

赫拉克勒斯在战斗的一生中，第一回合是帮助宙斯击败了地神盖亚带领下的巨人的叛乱。如果没有赫拉克勒斯的帮助，奥林匹斯诸神能否战胜巨人而保全天界，实在是个大问题。所以，赫拉克勒斯是继普罗米修斯之后，第二个帮助宙斯完成奥林匹斯事业的英雄。

但是，天后赫拉还是处心积虑地想要除掉他。

有一天，赫拉克勒斯回家后，赫拉施展魔力使他发疯。疯癫中的赫拉克勒斯不幸杀死了他与第一个妻子墨伽拉生的孩子，犯下了大罪。神处罚他在迈锡尼王欧律斯透斯手下服苦役。服役期间，赫拉克勒斯做了 12 件工作，这是他一生中最为人们称颂的英雄事迹。

《赫拉克勒斯的 12 件事业》，约公元前 470～公元前 455 年，大理石，高 160 厘米。

赫拉克勒斯在疯癫中不幸杀死了自己的孩子，犯下了大罪，神罚他在迈锡尼王手下服苦役。服役期间，赫拉克勒斯做了 12 件为人们称颂的英雄事迹。

赫拉克勒斯杀死了尼米亚的吃人怪狮、勒那的九头毒蛇和厄律曼托斯的吃人野猪。他真的是一个伟大的英雄，只要能造福人类，任何事他都愿意去做，甚至连奥革阿斯王那臭得要命、百里之内无人敢走过去的牛棚，他也悉心地打扫干净，消灭了瘟疫的源头。

人类的创造者、被锁在高加索山上受了 3 万年禁锢之苦的普罗米修斯，就是被赫拉克勒斯救出来的。这是古希腊人民给赫拉克勒斯的最光荣的使命。

赫拉克勒斯的形象，和普罗米修斯一样，在文学艺术中占据着重要的地位，他的形象经常出现在文学作品和绘画艺术当中。古希腊雕塑中就有很多表现赫拉克勒斯的作品，奥林匹斯山的宙斯神殿正门回檐上就有一组由 12 块浮雕所表现的赫拉克勒斯的光荣事迹。

利西波斯《休息的赫拉克勒斯》，原作约公元前 320 年，青铜，高 42.5 厘米。

这件作品发现于罗马卡拉卡拉浴场遗址。从疲倦又苦恼的神态看来，赫拉克勒斯被赫拉害得真苦，他低头沉吟，对前程的艰辛和不可预料，感到无奈又苦闷。

公元前 4 世纪，希腊雕塑家利西波斯创作了一尊雕塑《休息的赫拉克勒斯》。在英雄战斗的一生中独独选取休息的细节，看来利西波斯特别懂得如何选择艺术题材。对一位英勇战士来说，休息是前一个战斗胜利结束和后一个战斗光荣开始的间隙，是再战斗时不可或缺的休养生息的时刻。从雕塑中，我们还可以看出疲倦又苦恼的赫拉克勒斯的神态。他被赫拉害得非常辛苦，他低头沉吟着，让我们也感受到他前程的艰辛与困难。

赫拉克勒斯历尽艰险，终于完成了迈锡尼王欧律斯透斯的 12 件工作，回到家里。

他痛苦地回忆起自己因为发疯而杀死的孩子，觉得今生已无颜与妻子墨伽拉一起生活，只得将守寡已久的妻子许配给他的侄子伊俄拉乌斯。此后，他又开始了云游四海、以天地为家的流浪生涯。

他路过俄卡利亚，看中了欧律托斯王的女儿伊俄勒，想要娶她为妻，但遭到了欧律托斯王的拒绝。赫拉克勒斯怀恨离开，声称一定会回来报仇。离开俄卡利亚以后，赫拉克勒斯越过伯罗奔尼撒草原，到了卡吕冬，娶了俄纽斯王的女儿黛安妮拉。

英雄赫拉克勒斯当然不会从此守着妻子过一生，他决心带着妻子到各处去为民除害。这对恋人路过欧厄诺斯河时，由马人涅索斯背着黛安妮拉过河。谁知道才渡到河中心，这个马人竟然生起歹念，想抢走黛安妮拉，但被赫拉克勒斯用毒箭射死。临死之前，马人对黛安妮拉说：

“你用瓶子装一点我的血，将来如果你的丈夫不爱你时，可将我的血涂在你丈夫穿的紧身衣上，这样你就会重新获得他的爱情。”

可怜的黛安妮拉怎么也没有想到，这是马人涅索斯报复赫拉克勒斯一箭之仇的毒计。

杀死了马人涅索斯，渡过了欧厄诺斯河，他们两人来到了色雷斯，受到国王的热忱接待。黛安妮拉定居王宫，赫拉克勒斯则返回去远征俄卡利亚，为了一报当初欧律托斯王没有将女儿伊俄勒许配给他的仇。

卡诺瓦《赫拉克勒斯和利卡斯》，1812～1815 年，大理石，高 350 厘米。

赫拉克勒斯以为身上的毒衣是利卡斯的阴谋，于是倒提着将这无辜的青年人活活地砸死，并把尸体丢入爱琴海。

不久，赫拉克勒斯征服了俄卡利亚，杀死了欧律托斯王，俘虏了美女伊俄勒。战争结束，他请好友利卡斯回色雷斯向妻子报信，并把伊俄勒带回去，他自己则准备在祭祀完宙斯之后回到色雷斯，与妻子团聚。

当黛安妮拉看到了利卡斯带来的美女伊俄勒，又在利卡斯那里得知原来伊俄勒就是赫拉克勒斯过去的恋人时，她心中顿时升起即将失去丈夫爱情的恐慌。这时，她想到马人涅索斯的爱的魔血，便立即拿出一件极高贵的紧身衣，涂上涅索斯的血后交给利卡斯，请他带回去给心爱的丈夫，并交代说这是她亲手做的，请丈夫在祭祀宙斯时穿上。无罪的人做了有罪的事，黛安妮拉受骗了。

利卡斯带着这件涂着魔血的紧身衣，回到了赫拉克勒斯那里，并将紧身衣交

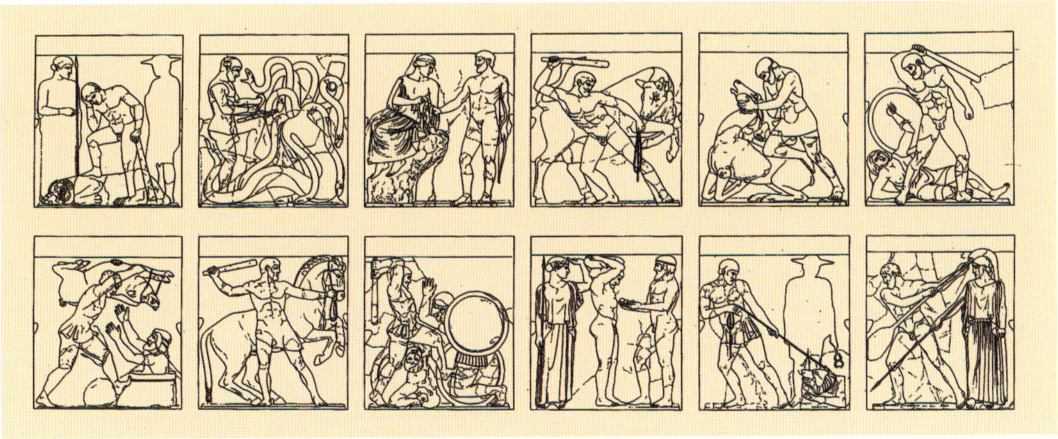

《赫拉克勒斯的 12 件事业》，奥林匹斯山的宙斯神殿中的浮雕复原线画。

给他。赫拉克勒斯见到这件闪耀着红色光芒的衣服，仿佛见到了自己的爱妻，心里非常高兴，立即穿上衣服去做祭祀。

结果，他刚走出宫门，步上阳光普照下的祭台，顿时感到浑身燥热难受，就像掉入火海中被烧熔蚀骨。但他怎么也脱不掉那件紧身衣，这时他才知道，这件衣服是由毒汁熏染而成。英雄的末日到了。

他以为这是利卡斯的阴谋，立即把利卡斯叫来，不由分说，一把抓起利卡斯，倒提着将这个无辜的青年人活活地砸死，并把尸体丢入爱琴海。周围的战士们见到自己的统帅遭受如此可怕的毒害，都十分同情，却爱莫能助。

赫拉克勒斯忍受着像滚油煎熬的剧痛，匆忙赶回色雷斯。他走进爱妻的房间，推门一看，发现黛安妮拉已经自杀身亡。这才让赫拉克勒斯神志清醒，意识到他中毒是半人马涅索斯的阴谋。当时黛安妮拉将涅索斯血涂上紧身衣时，有一滴血滴落在地上。当次日清晨阳光照射进房间时，地上的那滴涅索斯血烧成了一团火，这时，黛安妮拉才知道自己受骗了，但为时已晚，于是她自杀殉夫。

赫拉克勒斯在临死时，要求将他葬在故乡的山峰上，让他永远能够看见心爱的祖国和人民。

由于他在人间做了数不清的好事，人们便把赫拉克勒斯尊为神祇。宙斯和所有奥林匹斯的神也赞扬赫拉克勒斯的英雄事迹，一致请赫耳墨斯到地府去将赫拉克勒斯接到奥林匹斯山。宙斯还将自己的女儿——美丽的青春女神赫柏许配给他。

善于描绘华丽大场面的画家提埃坡罗，于 1761 年创作了一幅题为《赫拉克勒斯升天》的天顶画，描绘赫拉克勒斯升天的场景。

18 世纪意大利古典派大雕塑家卡诺瓦，则创作了一座《赫拉克勒斯和利卡斯》的雕塑，充分表现了赫拉克勒斯在痛苦时误杀利卡斯的悲剧场景。赫拉克勒斯一生误杀过三次亲朋好友，利卡斯是最后也是死得最惨的一个。

熟悉古代希腊建筑和雕塑的人都知道，杰出的宙斯神殿，它的左右石柱长廊的额墙上有几排大理石浮雕，是欧洲厅堂建筑装饰的传世之作，其中就有 12 幅表现赫拉克勒斯英雄事迹的浮雕。

这组浮雕的标准线描示意图及其主题，是研究古希腊建筑在固定的建筑格式中，如何处理主题性构图的重要参考。

Io & Leda

伊娥与仙女勒达

天后用一百只眼睛看守着变成牛的伊娥。宙斯甘愿变身为天鹅与勒达双宿双飞。

宙斯和赫拉这对夫妻，一个风流成性，四处招惹美女，让一个个无辜的女人为他生下后代，另一个则善妒至极，斗智斗狠，防止自己的丈夫四处猎艳。宙斯为了躲避妒心深重的赫拉，不知费尽多少心机，变过多少形体，以偷偷溜出天庭，跑去泡妞。赫拉也总是无所不用其极地去迫害或者杀害那些不知情的少女。

鲁本斯《赫耳墨斯和阿耳戈斯》，约1638年，画布、油彩，63厘米×87.5厘米。

宙斯为了营救变成牛的伊娥，偷偷让赫耳墨斯去杀死阿耳戈斯。赫耳墨斯吹起双管魔笛，催眠了阿耳戈斯。当阿耳戈斯的一百只眼睛闭上的那一刻，赫耳墨斯杀死了他。

柯勒乔《宙斯与伊娥》，约1530～1531年，画布、油彩，163.5厘米×74厘米。
宙斯和伊娥的事情被赫拉发现之后，赫拉便想报复伊娥。为了避免赫拉的迫害，宙斯将伊娥变成了一头牛。

其中伊娥和勒达，就是爱情中两个无辜的受害者。

伊娥是彼拉斯齐王伊那科斯的女儿，她常常和女友们一起在勒那草地的小溪边放羊、唱歌、跳舞，过着无忧无虑的生活。

有一次，宙斯刚好经过彼拉斯齐，在勒那看见了姿色出众的伊娥，便立即下凡，和伊娥尽情地玩乐。事情被赫拉发现之后，赫拉怀恨在心，兴起对伊娥施以狠毒报复的心。为了避免赫拉的迫害，宙斯将伊娥变成了一头牛。

但赫拉也是神，当她知道宙斯在捣鬼后，立即向宙斯要来了牛，并将牛交给阿耳戈斯看守。阿耳戈斯有一百只眼睛，的确是个最好的看守者，就算是睡觉，他也还有五十只眼睛是睁着的。这可难为了宙斯，更苦了已经变成牛的伊娥。

为了营救伊娥，宙斯偷偷让赫耳墨斯去杀死阿耳戈斯。赫耳墨斯赶到勒那，在阿耳戈斯的牛场上吹起双管魔笛。笛声悠扬，感动了阿耳戈斯，并催眠了阿耳戈斯。当阿耳戈斯的一百只眼睛全数闭上时，就在这一刻，赫耳墨斯杀死了阿耳戈斯，救出了伊娥。

正当宙斯兴高采烈地准备和伊娥相会时，赫拉又得知了宙斯的计谋，于是立即赶到勒那，将阿耳戈斯的一百只眼睛留下来，装点在她的爱鸟孔雀的尾巴上，并且造出了一种能咬穿牛皮的飞虫（就是牛虻），将伊娥咬得遍体鳞伤。

从此，伊娥开始了悲惨的流浪生活，她远渡爱琴海来到埃及，这才逃出了赫拉的魔掌。她改名为爱西斯，成为埃及神明，并生下了一个孩子，取名厄帕福斯。这

达利《勒达原子》，1949 年，画布、油彩，61 厘米 ×45 厘米。

"鬼才"达利此画取材于古希腊神话，他认识他的缪思女神加拉的时候，加拉也是一个有夫之妇。

个孩子长大之后成了埃及王。

鲁本斯的《赫耳墨斯与阿耳戈斯》就是以此为题材创作的，那个吹笛、抽刀的就是赫耳墨斯，中间打瞌睡的则是阿耳戈斯。意大利文艺复兴时期的画家柯勒乔，在他创作生涯的晚期，也以希腊神话为题材创作了很多著名的油画，《宙斯与伊娥》就是他的佳作之一。

仙女勒达生活在斯巴达的草原上。她美丽的容貌，使宙斯在神山上坐立不安，最后宙斯终于找到机会摆脱赫拉的森严看管，变成一只天鹅，飞到勒达的身边，而勒达浑然不知天鹅就是宙斯的变身。

后来，勒达为宙斯生下了儿子波里克斯和女儿海伦。天鹅飞走之后，勒达嫁给了斯巴达国王廷达瑞俄斯，又生下了儿子卡利斯托和女儿克吕泰涅斯特拉。

海伦长大之后，成了希腊的第一美人，嫁给斯巴达王墨涅拉俄斯为妻。当狄萨利亚王珀琉斯和海仙忒提斯结婚时，为了好斗的女神厄里斯的一个金苹果，阿佛洛

达·芬奇《勒达与天鹅》，木板、油彩，112 厘米 ×86 厘米。

勒达为宙斯生下儿子波里克斯和女儿海伦。海伦长大后，成了希腊第一美人，嫁给斯巴达王为妻，后来还引起了神人混战十年的特洛伊战争。

柯勒乔《勒达与天鹅》，约 1531 年，画布、油彩，152 厘米 ×191 厘米。
爱恋勒达的宙斯，变成了一只天鹅，以便接近佳人，共度良宵。

狄忒把海伦拐骗给特洛伊王普里阿摩斯的儿子帕里斯，引起了神人混战十年的特洛伊战争。

勒达与天鹅，作为一段神奇的恋爱故事，又因为与神话中著名的美人海伦的身世有关，因而一直是艺术家喜爱描绘的主题。古希腊雕塑家提莫特奥斯创作了《勒达与天鹅》的雕塑，这个作品的罗马摹制品，现在收藏于卡比托利欧博物馆。

达·芬奇、柯勒乔和达利都曾以“勒达与天鹅”为主题进行创作。当然，在达利创作的《勒达原子》中，那位美人主角一定是他的灵魂伴侣兼缪思女神——他的爱妻加拉。

Europa

腓尼基美人欧罗巴

请骑在我的牛背上，随我横渡爱琴海，直抵克里特岛。

欧罗巴是腓尼基台洛斯王阿革诺耳的女儿、卡德摩斯的妹妹。她是腓尼基著名的大美人。台洛斯位于爱琴海，欧罗巴常常和少女们一起在海边游玩。

提香《劫夺欧罗巴》，1559~1562 年，画布、油彩，178 厘米 ×205 厘米。

有一天，宙斯偷偷地变成一头牛混在阿革诺耳王的牛群里，成功接近了欧罗巴。

夸佩尔《劫夺欧罗巴》，1727 年，画布、油彩，127 厘米 ×193 厘米。

化身为牛的宙斯背着欧罗巴，一鼓作气横渡爱琴海，逃到了克里特岛。

宙斯早就爱上了欧罗巴。有一天，宙斯避开了赫拉的严密监视，偷偷地变成了一头牛，蒙骗过了赫拉的耳目，混在阿革诺耳王的牛群里，成功接近了欧罗巴。宙斯是众神之王，在牛群里，当然也是最吸引人目光的一头俊牛，于是立即就被欧罗巴注意到了。

她走到这头牛面前，随手将编好的一个花环套在牛角上。于是宙斯便跪下，邀请她骑在背上。这位美丽的公主，最后在少女们的簇拥下跨上牛背。这时，宙斯慢慢地离开柔软的草坪、细软的沙滩，朝着爱琴海走去。突然之间，宙斯撒开四腿向海面狂奔，这时惊慌失措的欧罗巴只得紧紧抱住牛脖子，以避免自己失足坠海。

宙斯一鼓作气横渡爱琴海，逃到了克里特岛，在他自己幼年时住过的地克特神洞里，将吓昏的欧罗巴放下来。

当欧罗巴醒来时，奇迹出现了，因为站在她身边的不是一头牛而是一位俊美的青年。

宙斯立即向欧罗巴表达他的爱慕之情。之后，欧罗巴为宙斯生下了米诺斯和拉达曼迪斯。两兄弟长大后，米诺斯成了克里特王，拉达曼迪斯则成了冥国的判官。

而这出恋爱喜剧，后来还引申出一段悲伤的故事。

古赛珀·卡萨利《劫夺欧罗巴》，木板、油彩，57 厘米 ×46 厘米。

当欧罗巴在克里特岛醒来时，奇迹出现了，因为站在她身边的不是一头牛，而是一位俊美的青年，他就是众神之王宙斯。

据说，凡间女子阿拉克涅精于纺织、刺绣，她在与雅典娜比赛纺织时，就织上了“欧罗巴被劫”这段故事。雅典娜因为阿拉克涅泄露了父亲宙斯的机密，同时也因为敌不过阿拉克涅的高超技艺，觉得自己作为纺织神的自尊受到了伤害，于是就将阿拉克涅变成一只蜘蛛，让她永远只能不停地吐出丝线来织网。

但是，阿拉克涅还是大大地出名了。意大利诗人但丁在《神曲》地狱篇里，曾经写下了同情阿拉克涅的诗篇，而委拉斯凯兹在画《纺织女》这幅作品时，于画面后景上也画上了“欧罗巴被劫”的故事，以显示西班牙“阿拉克涅”的高超技艺。

“欧罗巴被劫”这个主题，常常出现在希腊雕塑、罗马庞贝城的宫殿壁画里，以及文艺复兴时期以来的美术作品中。意大利文艺复兴时期的威尼斯画家提香的一幅油画《劫夺欧罗巴》，就描绘了欧罗巴正被宙斯变的白牛背着横渡爱琴海的情景。

在近现代欧洲艺术中，这也是热门的创作题材之一。瑞典雕塑家米勒斯的《欧罗巴与牛》和法国画家瓦洛东的《劫夺欧罗巴》就是其中的两幅杰作，前者强调牛的健壮和欧罗巴的轻盈，后者则突出健壮的美女欧罗巴被牛载着突然奔腾入海时，那一瞬间的动感。两者各有千秋。另外，古赛珀·卡萨利和夸佩尔的《劫夺欧罗巴》也是该主题的佳作。

这些作品最多的是将宙斯画成一头健壮的白牛，头上戴着欧罗巴亲手编的花环，但卡萨利则将宙斯画成一头壮硕的黑牛，用来展示宙斯强大的权势与力量。

Ariadne

阿里阿德涅

她深爱忒修斯，帮他走出迷宫，但命运却让她嫁给了酒神。

欧罗巴被宙斯劫到克里特后，与宙斯生了两个孩子。其中一个叫米诺斯，成了克里特王，他娶了帕西淮为妻，生下儿子安德罗格奥斯，以及女儿阿里阿德涅和费德拉。后来，帕西淮又和一头公牛生了一个牛首人身的怪物弥诺陶洛斯。

米诺斯为了掩盖妻子的这件丑闻，就请著名建筑师代达罗斯和他的儿子伊卡洛斯造了一座宫殿，将弥诺陶洛斯禁闭起来。这座宫殿廊道迂回，宫室交错，复杂得竟连巧匠自己都出不来，所以这座宫殿就被命名为“迷宫”。

后来，建筑师父子两人又各自制造了一对翅膀，用蜡封在双肩飞出迷宫。伊卡洛斯因飞得距离太阳太近，而被阳光灼化了双翼的封蜡，从天上跌下来，淹死在海里。从此，这片海即名为伊卡里安。拉斐尔前派艺术家莱顿的《代达罗斯和伊卡洛斯》，画的就是这对建筑师父子。据说他们是木工技艺、刨刀、钓线、胶水的发明者。画面中，代达罗斯正在为伊卡洛

莱顿《代达罗斯和伊卡洛斯》，1869 年，画布、油彩，138 厘米 ×106 厘米。
这对设计迷宫的建筑师父子，据说是木工技艺、刨刀、钓线、胶水的发明人。

卡拉奇《酒神和阿里阿德涅的胜利》，约 1597～1600 年，壁画。
意大利画家卡拉奇的这幅作品，是所有表现酒神祭的作品中最豪华的一幅。

斯系上翅膀，代达罗斯黝黑的脸庞露着担忧的神情，而伊卡洛斯则遥望着远方，骄傲又自信。

后来，米诺斯的儿子安德罗格奥斯在阿提卡被害，米诺斯王闻讯之后，立即兴兵攻打阿提卡首府雅典城。雅典城大败，臣服于克里特，受尽屈辱，被判处每七年就要向克里特进贡七对童男童女。这些童男童女到了克里特之后，立即会被放入迷宫中，让牛头人身怪物弥诺陶洛斯吃掉。

21 年后，雅典王埃勾斯的儿子忒修斯回到雅典城。适逢雅典城向克里特岛进贡童男童女之时，当忒修斯看到自己的国家受到异族的侵犯，无辜的父老乡亲受着丧失子女的痛楚，于是说服父亲，让自己加入童男童女的行列，远征克里特岛，想要去杀死害人的弥诺陶洛斯。

临行之时，他向爱神阿佛洛狄忒祈祷，请她帮助自己完成这个光荣的使命。阿佛洛狄忒就以爱的力量，让米诺斯的女儿阿里阿德涅去帮助忒修斯。

凭着忒修斯的一身武艺，杀死弥诺陶洛斯是没有问题的，问题是进了迷宫后要如何安全地走出来。能不能活着出来，忒修斯并不清楚。然而，已经爱上了忒修斯的阿里阿德涅，却十分清楚忒修斯是绝对走不出来的。

为了爱情，也为了自己的幸福，阿里阿德涅就偷偷地送给忒修斯一个线团，让他将线团的一头系在迷宫的入口，沿着行进的道路做记号。用这个方法，忒修斯终

约翰·范德林《沉睡在那克索斯岛上的阿里阿德涅》，1804 年，画布、油彩，173 厘米 ×221 厘米。

为了爱，阿里阿德涅偷偷给了忒修斯一个线团，让他不至于在迷宫中迷路。忒修斯到达迷宫深处，杀死了弥诺陶洛斯，顺着线逃出了迷宫。

于到达了迷宫深处，杀死了弥诺陶洛斯，又顺着线的指引与 13 个少年一起逃出了克里特。

但是，阿里阿德涅并没有得到忒修斯的爱情，因为命运女神不让她成为忒修斯的爱人，而对于命运女神的命令，谁也不能违抗。

英国画家卡尔德隆的《阿里阿德涅》，便描绘了这位既受爱神的折磨，又受命运女神嘲弄的少女。少女看着扬帆远去的爱人忒修斯，内心痛苦万分。后来，命运女神把她许配给了酒神狄俄尼索斯。

她的名望越来越大，在每年两度的酒神祭举行时，阿里阿德涅会与狄俄尼索斯一起坐在豹车上，接受世人的颂扬。意大利画家阿尼巴·卡拉奇于 1597 年开始画了一幅《酒神和阿里阿德涅的胜利》，这是所有表现酒神祭的作品中最豪华的一幅，画面中人物众多、形态各异，但洋溢着欢乐的气氛。约翰·范德林的《沉睡在那克索斯岛上的阿里阿德涅》和马卡特的《阿里阿德涅的胜利》，也都是以这个神话主题创作的。

而关于迷宫的故事，原本大家都以为那纯粹是个神话，但由于 19 世纪考古学的成就，舍利曼、伊文斯等学者在克里特岛发掘遗迹，竟然挖出了迷宫的痕迹。那的确是一处庞大的建筑群，显示了古希腊人民的智慧。

马卡特《阿里阿德涅的胜利》，1873 年，画布、油彩，476 厘米 ×784 厘米。

命运女神把阿里阿德涅许配给酒神。在酒神祭时，她与酒神一起坐在豹车上，接受世人的颂扬。

Danae

达娜厄

狂风大作、暴雨倾泻，夹带一阵爱情黄金雨。

阿尔戈斯王阿克里西俄斯得到了一个预示，说他日后一定会死在自己外孙的手中，这使他很恐惧。为了逃避这个不幸的预示，他造了一座铜塔，把尚未出嫁的女儿达娜厄关在铜塔里，只留下一个老妇人侍候她。英国画家伯恩·琼斯的《达娜厄与铜塔》，描绘的就是这个故事。画面中的达娜厄忧心忡忡地望着正在建造中的铜塔，似乎不理解自己的父亲为什么要将她关在铜塔里。

美丽而又可怜的达娜厄，天天在铜塔的窗口，凝望着这美丽的世界和人们愉快的生活，想着自己遭受到如此厄运，心中苦不堪言。这时，天上的宙斯爱上了达娜厄，但他怎么也走不进戒备森严的铜塔里。

有一天，当狂风大作、暴雨倾泻的时候，宙斯变成了一阵黄金雨直接下到达娜厄的卧室中。当达娜厄和那个老妇人惊慌失措地看着叮叮当当落下来的黄金雨时，突然，这些黄金碎片恢复成宙斯的原形。达娜厄见到如此年轻俊美的

伯恩·琼斯《达娜厄与铜塔》，1887~1888 年，画布、油彩，231 厘米 ×113 厘米。

达娜厄忧心忡忡地望着正在建造中的铜塔，似乎不理解自己的父亲为什么要将她关在铜塔里。

伦勃朗《达娜厄》，1638 年，185 厘米 ×203 厘米。
伦勃朗处理这个题材时，完全摆脱了神话的牵制，突出达娜厄向远方招手和殷切等待的心情，而将黄金雨置于画外。

男子，立刻就爱上了他。

宙斯每天傍晚变成一阵黄金雨，来到达娜厄的塔中与她缠绵，后来，达娜厄生下了神话中有名的英雄珀尔修斯。最后，达娜厄的父亲阿克里西俄斯还是不幸地死在了外孙珀尔修斯的刀下。

这个题材，在反对中世纪禁欲主义和封建礼教方面有着重要的启发，因此一直是画家们乐于描绘的主题。它的表现方法主要以提香和伦勃朗的作品为典型。

提香的《达娜厄》，画中有个老妇人用裙兜正在接天上撒下来的金币。对达娜厄来说，这阵黄金雨是爱情的种子，而对老妇人来说，这阵黄金雨则是她发财致富的机会。

伦勃朗在处理这个题材时，则完全摆脱了神话的牵制，突出达娜厄伸出手殷切

柯勒乔《达娜厄》。

没有提香画里的那位老妇人所营造出来的戏剧感，画面中的达娜厄下半身缠绕着床单，床单另一边由小爱神撑开，以迎接化身黄金雨的宙斯降临。

提香《达娜厄》，1545~1546年，画布、油彩，120厘米×172厘米。

老妇人用裙兜接天上撒下来的金币，对达娜厄来说，这阵黄金雨是爱情的种子，而对老太婆来说，这阵黄金雨则是她发财致富的种子。

罗丹《达娜厄》，1885年，大理石，高35厘米。
罗丹强调的是人性的摧残。这少女的厄运，通过被凝固在冰冷大理石上的痉挛而又动态的身体，发出沉重的呼吁：反对摧残人性！

期待爱情的心情，而黄金雨并未出现在画面中，突出了生活的真实感。

现存于罗马博尔盖塞美术馆的柯勒乔的《达娜厄》，则没有提香画里的那位老妇人所营造出来的戏剧感。画面中的达娜厄下半身缠绕着床单，床单另一边由小爱神撑开以迎接化身黄金雨的宙斯降临，十分特别。

达娜厄的故事曾被罗丹当作神界惨剧，而入选为巨型雕塑《地狱门》的题材之一，同时罗丹还创作了一座大理石圆雕，意在强调人性的摧残。这个少女的厄运，通过被凝固在冰冷大理石上的痉挛而又动态的身体，发出沉重的呐喊：反对摧残人性，反对禁欲！这是对命运的愤怒，也是对人性的震慑。

Perseus& Andromeda

少年英雄珀尔修斯与埃塞俄比亚公主安德罗墨达

亮盾、飞鞋、宝刀、隐身帽，助他砍下蛇发魔女美杜莎的头，旋即他如英雄般踏浪而来……

达娜厄在高塔里与宙斯恋爱，生下了珀尔修斯。

达娜厄的父亲阿克里西俄斯，在不让女儿接近男人的计划失败后，既恐惧，又不忍心杀死这对可怜的母子，于是决定把女儿和外孙放在一个大箱子里，丢进爱琴海，任其漂流。

后来，这个箱子顺流漂到塞里福斯岛，岛上的国王波吕得克忒斯收留了达娜厄母子。珀尔修斯在岛上长大，成为全岛上最勇敢的青年。

国王波吕得克忒斯想占有达娜厄，但达娜厄不从，而且珀尔修斯也时时刻刻地保

伯恩·琼斯《珀尔修斯的武装》，1885年，画布、油彩，153厘米×127厘米。

珀尔修斯在诸神的帮助下，携带一双飞鞋、一把宝刀、一顶隐身帽，以及一个神奇的羊皮口袋，踏上冒险之路。

护着母亲，让国王无法得逞。最后，国王决定设法除去珀尔修斯。

有一天，国王把珀尔修斯叫过来，告诉他西方黑暗国土上有着戈耳工三女妖，其中之一的蛇发女妖美杜莎，是岛上的一大祸害。国王命令珀尔修斯必须除去美杜莎。珀尔修斯不知道美杜莎究竟有多厉害，便欣然同意执行这项任务，并且立即动身出发了。

美杜莎是非常厉害的女妖，任何人只要瞧她一眼，就会立刻变成石头，所以美杜莎住的地方周围都是男女石像。

国王的阴谋被宙斯知道了，他马上派雅典娜、赫耳墨斯和哈迪斯去帮助即将受难的儿子。这3位神很快地飞到了塞里福斯岛，遇到了已经在旅途中的珀尔修斯。

切利尼《珀尔修斯与美杜莎》
1545～1553年，大理石，高203厘米。
珀尔修斯在众神的帮助下，割下美杜莎那可怕的蛇发头，后来把它装点在雅典娜的盾牌上。美杜莎的头颅在建筑艺术中有“镇守”的象征意义。

雅典娜送给他一个亮盾，并嘱咐他千万不能看美杜莎的头，只能看着亮盾上的反光与女妖战斗。赫耳墨斯借给他一双飞鞋和一把宝刀。我们在赫耳墨斯杀百眼巨人阿耳戈斯救伊娥时，知道这把宝刀无比锋利。哈迪斯借给珀尔修斯一顶隐身帽，以防万一战斗不利时，可以隐身遁逃。他还送给珀尔修斯一个神奇的羊皮口袋，可以用来装美杜莎的头。伯恩·琼斯的《珀尔修斯的武装》描述的就是这个情景。

珀尔修斯就在众神的帮助之下，克服重重困难，经过种种考验，终于找到了美杜莎，并割下了她那可怕的蛇发头。后来，这个美杜莎的头颅就装点在雅典娜的亮盾上，有时也装点在女神的胸前，以显示女神强大的威力。

珀尔修斯和美杜莎的题材，经常出现在雕塑艺术和建筑艺术中。美杜莎的头在建筑艺术中如同斯芬克斯、革里芬斯、阿特拉斯一样，都具有“镇守”的象征意义。《珀尔修斯与美杜莎》是著名的雕塑，为意大利雕塑家切利尼的作品。

鲁本斯《珀尔修斯解救安德罗墨达》，1620 年，画布、油彩，99.5 厘米 ×139 厘米。
到了献祭那一天，埃塞俄比亚人含泪把安德罗墨达送到海滨，用锁链将她锁在一块大山岩上。正巧珀尔修斯路过此地，他立即开展英雄救美的勇敢行动。

胜利归来的珀尔修斯，在半路上遇见了她的真命天女——埃塞俄比亚公主安德罗墨达。

埃塞俄比亚国王刻甫斯的妻子卡西奥佩娅，是个因美丽而骄傲的女人，她认为自己是世界上最美丽的女人，还说自己比海神波塞冬的女儿们还漂亮，这句话得罪了海神波塞冬。于是，波塞冬就派儿子特里同在埃塞俄比亚海岸兴风作浪，以至于让全岛面临被海水吞没的危险。

被海水淹得走投无路的埃塞俄比亚人，只得请求先知给予启示，想知道要用什么方法可以摆脱海神的愤怒。启示的结果十分可怕，先知说要把卡西奥佩娅的女儿、美丽善良的安德罗墨达献给海怪吞食，才能消海神之怒而摆脱水患。

母亲的罪过要无辜的女儿去承担，这是不公平的，何况人民都很爱怜安德罗墨达公主。为了保护安德罗墨达，全体埃塞俄比亚人自愿忍受海神的惩罚。但安德罗墨达却以自我牺牲的精神说服了民众，甘愿为人民去赴死。

瓦萨里《珀尔修斯解救安德罗墨达》，1570 年，画布、油彩，116 厘米 ×86 厘米。

当珀尔修斯看见一个出奇美貌的姑娘将要被海怪吞食，不由分说，立即拔刀与海怪展开生死搏斗，最后杀死海怪，救出了安德罗墨达。

伯恩·琼斯《劫数的岩石》，1885～1888 年，画布、油彩，155 厘米 ×130 厘米。
珀尔修斯脚踩着双翼飞鞋、身上挂着美杜莎的头，赶来解救安德罗墨达。

到了献祭那一天，全体埃塞俄比亚人和那位因骄傲而将要失去女儿的母亲，一起含着眼泪把安德罗墨达送到海边，用锁链将她锁在一块大岩石上。到了晚上，海怪就开始兴风作浪，前来吞食安德罗墨达。

正在这千钧一发之际，珀尔修斯路过此地，当他看见一个美貌的姑娘即将被海怪吞食，不由分说，立即拔刀与海怪展开一场生死搏斗。最后，他杀死海怪，拯救了安德罗墨达，海水也随之退尽。人们感谢珀尔修斯的英雄救美之举，于是，珀尔修斯与安德罗墨达结婚了。

安德罗墨达作为一个美丽善良而又甘愿为国牺牲的女性，受到古代人民的尊敬，也一直成为艺术题材被画家们一再描绘着。鲁本斯曾为此画过好几幅油画。文艺复兴时期曾经以撰写画家传记而被尊为“美术史之父”的瓦萨里，也在他为数不多的创作中留下了一幅《珀尔修斯解救安德罗墨达》的作品。伯恩·琼斯的《劫数的岩石》，也同样描绘这个场景，在画面中，珀尔修斯脚踩着双翼飞鞋、身上挂着美杜莎的头，赶来解救安德罗墨达。

Dirce & Niobe

狄耳刻 & 尼俄柏

底比斯城的两个皇后：一个狠毒，一个骄傲无知。

安提俄珀原来是底比斯王吕库斯的妻子，后来宙斯爱上了她。为了这场恋爱，安提俄珀遭到了父亲河神倪克透斯的谴责和吕库斯王的离弃。

怀孕的安提俄珀只能离家出走，但她还是遭到了父亲的追捕，最后更被吕库斯王的新妻子——残暴的狄耳刻囚禁了。因为神谕说他们要亡于安提俄珀的儿子手中，所以，狄耳刻还准备弄死安提俄珀的儿子。

安提俄珀就在这凄苦的生活中，生下了双胞胎儿子仄忒斯和安菲翁。

可怜的安提俄珀，为了躲避狄耳刻对儿子的追杀，不得不将才生下的两个婴儿偷偷地交给一个忠厚老实的牧牛人扶养，期望有朝一日他们能有出头之日。痛苦噬咬着安提俄珀的心，她绝望地认为此生可能再也见不到自己的孩子了。

《法尔内塞的牛》（罗马时代的临摹作品），大理石，高 370 厘米。
狠毒的皇后狄耳刻想在祝祭时，用牛把安提俄珀拖死。谁知，她反被缚在牛角上活活地拖死，最后还变成了一注喷泉。

多年以后，在一个酒神祭节日，皇后狄耳刻率众到喀泰戎山举行祭典。狠毒的皇后想在祭典时，用牛把安提俄珀拖死。到了喀泰戎山之后，她命令两个正在放牛的小

《尼俄柏孩子们之死》，公元前 1 世纪，浮雕。

伙子牵来一头牛，准备执行处死安提俄珀的暴刑。

安提俄珀孤立无援，只能心灰意冷地等待死亡的降临。突然，一个老牧人匆匆赶来，对着那两个正在捆绑安提俄珀的青年牧人大声喊道：

“孩子，使不得，这个无辜的女人就是你们的母亲，她为了你们历尽了人间的辛酸，你们真正的敌人是宝座上的那个皇后！”

原来，那两个青年牧人，就是安提俄珀的儿子仄忒斯和安菲翁。孩子们知道了真相，立即将狄耳刻缚在牛角上活活地拖死。被拖死后的狄耳刻，变成了一注喷泉。

母子三人团圆后，马上返回底比斯城，杀死了吕库斯王。后来安菲翁得到了阿波罗的教导，学会了弹竖琴的技艺。在建造底比斯城墙时，他的琴声居然感动了左右山上的石头，这些石头随着琴声主动地跳过来围在安菲翁掌管的底比斯城，从而筑成了有着 7 个城门、坚固无比的底比斯城。城墙建成后，安菲翁当上了底比斯王，娶了坦塔罗斯和狄俄涅的女儿尼俄柏为妻，生了七男七女，但这些孩子最后都成了尼俄柏骄傲的牺牲品。

与《拉奥孔》群像相互辉映、展现出希腊化时期灿烂的古代文化的另一座群像《法尔内塞的牛》（因收藏于罗马法尔内塞宫而得名），就是以狄耳刻的刑罚为题材创作的。那个在牛脚下的小女神就是喀泰戎山神，以标示事件的发生地点。这座风格属于罗得岛派的群像雕塑，相传是公元前 100 年小亚细亚特拉列斯地方的名雕塑家阿波隆尼奥斯和特奥里斯柯斯两兄弟的杰作，据说原作是以青铜铸成，复制品则是大理石雕。

底比斯王安菲翁的妻子尼俄柏是个多产的母亲，她的 7 个儿子和 7 个女儿，都长得美丽又可爱。尼俄柏非常爱他们，并且以拥有这些孩子而感到骄傲，甚至目空一切地扬言说，他们比神的孩子都还要美丽。

底比斯城有个勒托神殿，每年都要为与宙斯生下太阳神阿波罗和月神阿尔忒弥斯的勒托，举行盛大的祭典。届时，城里的母亲们都会拿着鲜花和祭品献祭给勒托。

有一次，在祭典时，尼俄柏来了，她说：

“为什么要崇敬勒托呢？底比斯城的妇女们，勒托只有 2 个孩子，而我有 14 个孩子，你们更应该崇敬我，我比勒托还伟大。”

底比斯城的妇女们都十分惧怕王后，于是就转过身去，向王后礼拜。

这件事得罪了来领祭品的勒托，她立即飞到卡恩托斯山，把尼俄柏蔑视她的话语告诉她的 2 个孩子。阿波罗和阿尔忒弥斯听完母亲的诉说，立即飞到底比斯城上空，于是悲剧开始了！

尼俄柏的孩子们是无辜的，他们在宫殿的花园里玩耍，但顷刻间，阿波罗的利箭就把 7 个无辜的男孩一一射死。尼俄柏的丈夫安菲翁听到噩耗后，痛不欲生，自杀身亡。

尼俄柏闻讯，急忙赶到花园，狂吻 7 个男孩的尸体。她知道，这是勒托所为，便疯狂地大骂：“我还是伟大的，而你，残忍的勒托，你的孩子还是比我少，虽然你杀死了我的 7 个儿子，但我还有 7 个女儿！”

当骄傲的母亲的话才刚刚说完，6 个女儿已经被阿尔忒弥斯无情的利箭刺穿了胸膛。这时，尼俄柏才意识到，骄傲为她带来了多大的伤痛，她急忙抱住仅剩的一个小女儿，苦苦地哀求勒托，把最小的一个女儿留下来。可是，无情又残酷的阿尔忒弥斯的利箭还是把这最小的女儿，从尼俄柏的怀抱里夺走了。

失去了丈夫和孩子的尼俄柏，痛不欲生。她低下无力的头，注视着孩子们的尸体。她的身体慢慢地僵硬，变成了一尊石像。最后，突然一阵狂风，把变成石像的

《尼俄柏受伤的女儿》，公元前 430 年，大理石，高 149 厘米。

尼俄柏的 6 个女儿，被利箭刺透胸膛。尼俄柏这才意识到，骄傲为她带来了莫大的损失与伤痛。

佚名《阿波罗与阿尔忒弥斯射杀尼俄柏的孩子们》，17 世纪上半叶。
骄傲的尼俄柏口出狂言，为儿女惹来杀身之祸。顷刻之间，阿波罗的利箭把 7 个无辜的男孩一一射死。

尼俄柏吹到了西菲罗斯山顶。她痛苦的眼眶里，流着泪泉，直到如今。

古代希腊雕塑中有一组尼俄柏群像，相传是公元前 4 世纪中叶的雕塑家史珂帕斯创作的。1583 年，在罗马发现了属于尼俄柏群像中的 9 座雕塑的大理石复制品，其中有一座《尼俄柏和最年幼的女儿》，表现了尼俄柏极力保护这个小生命的情景。雕塑家抓住了这场悲剧的最后一幕，留下了令人难忘的作品。而《尼俄柏受伤的女儿》，则真实地重现了少女背部中箭、濒临死亡时的挣扎惨状。

英国画家威尔逊，曾经把史珂帕斯的尼俄柏群像雕塑当成模特儿，画了《尼俄柏孩子们的死亡》。这种把古代希腊时期的著名雕塑画入神话题材的作品，很常见。浮雕《尼俄柏孩子们之死》是公元前 1 世纪的杰作。17 世纪上半叶法国佚名画家则创作了一幅《阿波罗和阿尔忒弥斯射杀尼俄柏的孩子们》，画面中阿波罗与阿尔忒弥斯拉弓射箭，无情地射杀尼俄柏的孩子们，以惩罚尼俄柏的骄傲与无知。

Medea

痴情美狄亚

因为爱情，她帮丈夫夺取金羊毛；因为被弃，她用巫术为自己复仇。

以伊阿宋为首的一群英雄，奉伊阿宋的伯父伊俄尔科斯王珀利阿斯的命令，乘了阿耳戈号帆船去柯尔基斯夺取金羊毛。金羊毛是柯尔基斯王埃尔忒斯的珍宝，有巨龙看守，即使是最勇敢的人也无法拿到，伊阿宋也不例外。

天后赫拉决心帮助伊阿宋拿到金羊毛，于是派爱神阿佛洛狄忒去帮助伊阿宋。阿佛洛狄忒施展爱术，使埃尔忒斯的女儿美狄亚爱上了伊阿宋，让她愿意为伊阿宋取得金羊毛。美狄亚懂得巫术，她用巫术让看守金羊毛的巨龙昏睡，帮助伊阿宋取得了金羊毛。

之后，他们双双逃出柯尔基斯回到伊俄尔科斯，半路上，他们遇到了美狄亚的弟弟阿布绪尔托斯的追击，美狄亚为了伊阿宋，不惜施展巫术害死了自己的弟弟。

他们回到了珀利阿斯王那里。美狄亚又借珀利阿斯的女儿之手，杀死了珀利阿斯王。事发之后，伊俄尔科斯人民奋起反抗，伊阿宋与美狄亚只好双双逃到科林斯，他们在那儿受到了欢迎。

伊阿宋和美狄亚经历了长期的流浪生活，现在得到科林斯王克瑞翁的欢迎，当然十分高兴，因此决定定居科林斯。他们结了婚，生了两个孩子。

美狄亚十分爱伊阿宋，对他的照顾无微不至。但伊阿宋却变了心，偷偷地爱上了克瑞翁王的女儿克柔萨，便打算赶走美狄亚，与克柔萨结婚。美狄亚知道了狠心的伊阿宋的计划后，悲痛欲绝。她为了帮助伊阿宋取得金羊毛，杀死了自己的弟弟，跟随伊阿宋颠沛流离，现在却被伊阿宋狠狠抛弃，即将沦为一个有家归不得的人。

悲痛之余，美狄亚就把过去对伊阿宋如火的爱，转变为深沉的恨，并产生了可怕的复仇意念。美狄亚在接到命令她立即离开科林斯的通知前夕，她用巫术杀死了克瑞翁父女，更狠心地杀死了她自己的两个孩子，随后坐着飞车，飞驰而去（一说

德拉克洛瓦《愤怒的美狄亚》，1862 年，画布、油彩，122.5 厘米 ×84.5 厘米。
从美狄亚惊慌失措的神色中，可以深切感受到她那不幸的命运，以及杀死亲生孩子的痛苦。

是乘坐大船，扬帆而去）。

19 世纪德国古典主义画家费尔巴哈，创作了一幅《美狄亚》，法国浪漫主义大师德拉克洛瓦也创作了一幅《愤怒的美狄亚》。同一个题材，不同的流派进行了截然不同的诠释。费尔巴哈中规中矩的古典主义风格，的确表现不出这惊人的悲剧气氛，却也令人心悸地描绘出美狄亚对孩子最后的抚爱。金字塔式的构图和造型，也显示出悲剧发生前令人窒息的沉重氛围。而德拉克洛瓦画的美狄亚，在惊慌失措的神色和动态感中，可以让人深切地感受到她那不幸的命运，以及杀死亲生孩子的内心交战与痛苦的心情。

在伊芙琳·德·摩根创作的《美狄亚》中，美狄亚的眼神悲伤而非愤怒，被伊阿宋抛弃的她，决定用巫术来复仇。背景是层次分明的冷冰冰的大理石建筑，象征着美狄亚的心情既冰冷又绝望，而她为敌人准备的小药瓶正冒着白色的烟雾，象征着即将来临的灾难。摩根笔下的美狄亚，像一个内心已经绝望的高贵皇后，有着尊

伊芙琳·德·摩根《美狄亚》，1889 年，画布、油彩，150 厘米 ×89 厘米。

画中的美狄亚的眼神悲伤而非愤怒，她决定用巫术来复仇。冷冰冰的大理石建筑，象征着她的心情既冰冷又绝望，而她为敌人准备的小药瓶，正冒着白色的烟雾，预示着即将到来的灾难。

提香《圣爱与俗爱》，1515 年，画布、油彩，118 厘米 ×279 厘米。
天后赫拉决心帮助伊阿宋取得金羊毛，于是派爱神施爱术，让懂得巫术的美狄亚爱上伊阿宋，让她愿意为伊阿宋取得金羊毛。

严与骄傲的外貌，而非一个颓废而邋遢的弃妇。

意大利画家提香，最负盛名的作品《圣爱与俗爱》，据说就是描绘爱神阿佛洛狄忒在诱惑美狄亚去爱伊阿宋时的情景。

Narcissus

美少年纳西瑟斯

他爱上自己的水中倒影，成了开在水边的灿烂水仙花。

希腊神话里有很多关于花的故事，而这些神的名字就成了花的名称，保存在拉丁语里流传了下来。纳西瑟斯的故事，就是叙述美少年纳西瑟斯变成水仙花的事。

河神刻菲索斯和仙女利里俄珀生了一个孩子，取名叫纳西瑟斯。但问卜的结果让夫妇俩十分伤心，因为神谕告诫，这个孩子不能见到自己的面孔，只要一见到自己的容貌，就会死去。为了逃避神谕，刻菲索斯为纳西瑟斯安排了没有任何反光体的环境，他就在这种环境里渐渐长大。

纳西瑟斯虽然没有见过自己的脸，不知道自己是个美少年，但是，他的父母和见过他的每一个人，都不能不叹服纳西瑟斯的英俊潇洒。他受到许多女人的追逐，但纳西瑟斯只喜欢与男友们一起去打猎，在崇山峻岭里追逐野兽。

时间一长，山谷中的仙女艾可爱上了他。艾可时时刻刻周旋在纳西瑟斯的身边，学他说话，但任凭艾可如何痴情，也得不到纳西瑟斯的爱。

有一天，太阳当空，将大地照得一片光明，树叶、花草都蒙上一层亮闪闪的光芒，这正是打猎的好天气。纳西瑟斯猎兴正浓，但口渴难忍，他多么想要喝一口水啊！他好不容易才找到一条河流，当他刚刚跨下坐骑跪下喝水时，就从河水的倒影里看见了一张美丽的面孔。

一向对少女们冷若冰霜的纳西瑟斯，立即爱上了河水里的那个“人”，他不知道这正是他自己的倒影。

神的预示应验了。从此，纳西瑟斯就一直跪在河边，向捉摸不住的河中“人”倾诉着自己的爱情。他的父母、亲友，特别是时刻追随他、学着他讲话的艾可，都来劝他，却始终没有办法劝阻这个傻小子。纳西瑟斯最后默默地死在河边。

爱神阿佛洛狄忒十分怜惜纳西瑟斯，于是把他化成水仙花，让他盛开在有水

约翰·威廉姆·沃特豪斯《艾可与纳西瑟斯》，1903 年，画布、油彩，109 厘米 ×189 厘米。
美少年纳西瑟斯爱上了河水里的那个“人”，却不知这人正是他自己的倒影，最后默默地死在河边。爱神于是把他化成水仙花，让他盛开在有水的地方。

的地方，永远看着他自己的倒影。艾可也因失去了纳西瑟斯而心痛难忍，她守在纳西瑟斯的身边，渐渐地枯萎，最后化为气体，飘荡于高山空谷之间，成为回声仙女（艾可 echo，即回声的意思）。

希腊神话中的美少年的命运几乎都是悲剧，纳西瑟斯的故事更是令人动容。

英国画家所罗门于 1895 年画了一幅《纳西瑟斯与艾可》，画面中纳西瑟斯抱着仙女艾可，却愚蠢地爱上了自己的倒影。另一个英国雕塑家昂斯罗·福特的雕塑《艾可》，则重点表现了为爱情折磨而渐渐憔悴的仙女，其与雕塑座基上的水纹、水仙花一起，完整地表达了这个悲剧。

在抽象主义艺术中，这位美少年也引起了许多艺术家的关注。意大利雕塑家卡谢拉用黑色大理石创作的《纳西瑟斯》就倍受赞扬，但是否能引起观众对于这个古老神话中的美少年命运的同情，则又另当别论了。英国画家沃特豪斯则创作了《艾可与纳西瑟斯》，画中描绘的是艾可无奈地看着迷恋自己倒影的纳西瑟斯。

Orpheus

弹奏竖琴的俄耳甫斯

勇闯冥府寻找死去的妻子，却在回眸间失去爱情与欢乐。

俄耳甫斯是阿波罗和掌管史诗的缪斯女神卡莉欧碧的儿子。他在父亲那儿继承了音乐的天赋，又在母亲的怀里受到了文艺的教育。俄耳甫斯长大后成了著名的音乐家，并成为色雷斯的国王，娶了宁芙仙女族中住在山林里的得利亚地斯仙女之一——美丽的欧律狄刻为妻。他们过着幸福的生活，人民也生活在一个乐声悠扬的国度里。

但是，好景不长，有一天欧律狄刻与孩子们在花园里玩耍时，被毒蛇咬伤，不治身亡。从此，俄耳甫斯陷入了悲痛的深渊，全国人民也为国王的遭遇而哀悼。最后，俄耳甫斯决定大胆地深入冥府，请求哈迪斯王释放他的爱妻。

他拿了竖琴长途跋涉，向无底深渊走去。一到冥国入口，他首先遇到守门怪狗刻耳柏洛斯挡路，狂吠着不让有生命的人进去。俄耳甫斯立即以琴声感化了怪狗，得以进入冥府。

到了冥府大殿，俄耳甫斯就在哈迪斯与珀耳塞福涅面前奏起竖琴。琴声诉说了俄耳甫斯对妻子的爱情，弹奏出他失去妻子后的痛苦。接着，他再度拨动琴弦，弹出了对哈迪斯的期望，希望哈迪斯能释放他的爱妻。琴声首先感动了冥后珀耳塞福涅，她同情俄耳甫斯的遭遇，在哈迪斯王面前替可怜的俄耳甫斯求情。其实，哈迪斯王也是有感情的，他立即答应让欧律狄刻复活。

但冥府终究不同于人间，由于没有走出冥府之前的欧律狄刻还是幽灵，不能与活人见面或说话，只要俄耳甫斯看欧律狄刻一眼，或向她说一句话，她就永远出不了地狱之门。俄耳甫斯当然同意，谢过冥王和王后，便拉着欧律狄刻的手，直往地狱门走去。

跟在后面的欧律狄刻，见到自己的丈夫来带她到光明的世界去，自然十分高兴，

普桑《俄耳甫斯和欧律狄刻》，1649～1651年，画布、油彩，124厘米×200厘米。

俄耳甫斯娶了美丽的欧律狄刻为妻，过着幸福的生活，人民也生活在一个乐声悠扬的国度里。普桑以宽阔的场景，描绘俄耳甫斯为爱妻弹奏乐曲的温馨场景。

要和她的丈夫诉说离别之苦，但俄耳甫斯实在有口难辩，因为他既不能看她一眼，也不能说明原因。

不知内情的欧律狄刻，以为她已经失去了丈夫的爱，她想，既然丈夫连看她一眼的情分都没有了，何必再回到光明的世界去受失恋的痛苦呢！这一想，她就不走了，还对俄耳甫斯说，如果不看她一眼，她宁愿不出地狱。

这真是进退两难，眼看就要走到地府门口，外面是一片光明。俄耳甫斯再也不能忍受爱妻的误解，反正也拉不走她，他准备回过头来抱住妻子立即逃出地府。但就在他回头的一刹那，美丽的欧律狄刻便从他的怀抱中飞走了。欧律狄刻后悔地回首看了俄耳甫斯一眼，消失在黑暗的深渊中。一切都白费了，俄耳甫斯只能只身回到大地。

从此，人们再也听不到俄耳甫斯的琴声。俄耳甫斯再也不爱女人了。

然而，色雷斯地方的女人们却要俄耳甫斯的爱情和琴声。在一次酒神祭时，她们围住了刚刚参加阿耳戈航行回来的俄耳甫斯，要他弹琴，要他像过去一样带给她们欢乐。俄耳甫斯不答应，她们就把他活活打死。据说，俄耳甫斯死了以后，反而得到了幸福，因为他和他的爱妻可以在冥府中生活，永远也不怕分离了。

英国画家华兹的《俄耳甫斯和欧律狄刻》，表现出俄耳甫斯深入地府找寻欧律狄刻，

莫罗《色雷斯姑娘拿着俄耳甫斯的头》，1865年，木板、油彩，154厘米×99.5厘米。
色雷斯妇女们围住俄耳甫斯，要他弹琴，但失去爱妻的俄耳甫斯不答应，她们就把他活活打死了。法国画家莫罗把俄耳甫斯的头与竖琴处理在一起，由一个色雷斯妇女抱着。

得而复失的一瞬间。法国画家莫罗的作品《色雷斯姑娘拿着俄耳甫斯的头》，则把俄耳甫斯的头与竖琴处理在一起，由一个色雷斯妇女抱着。法国画家普桑的《俄耳甫斯和欧律狄刻》，以宽阔的场景描绘了俄耳甫斯为欧律狄刻弹奏乐曲的温馨场景。

Amazon

阿玛戎女部落

为了传宗接代，必须杀死男人。为了拉弓射箭，不惜切除乳房。

关于阿玛戎女部落与希腊人的战斗故事，是希腊神话中最精彩的部分之一，根据古希腊历史学家希罗多德的说法，与阿玛戎的战斗绝对是希腊的光荣历史！

阿玛戎的斯奇提亚语为“俄伊耳帕塔”，意思是“杀男人者”，可见阿玛戎的厉害。在希腊与阿玛戎的第一次战斗中，据说是阿玛戎被打败了。但是，当希腊人满载阿玛戎女战俘回到希腊时，这批女战俘却在船上造反，杀死了全部的希腊人，转败为胜。因为阿玛戎人不会驾船，只得随波逐流，漂泊到小亚细亚的斯奇提亚国的克律姆诺伊地区，成为那里的一个女部落。

她们有一条族规，那就是为了生育而需要亲近男性者，一定要在战场上杀死一个以上的男性，否则永远不得结婚。所以，她们个个都能耍刀枪、善弓箭。据说，她们为了射箭方便而将右乳切除（阿玛戎的希腊语，意即无乳房者），可见尚武风气之盛。而这个部落的唯一兴趣，也就只有战争。

造成她们真正与希腊大打出手的原因，是由于

波留克列斯特《受伤的阿玛戎》，原作约公元前430年，大理石，高203厘米。

阿玛戎女部落中的女战士唯一的兴趣，就只有战争。据说，她们为了射箭方便而将右乳切除，可见尚武风气之盛。

史珂帕斯《莫索留姆的阿玛戎》，580～588年，大理石，高70厘米。
英雄忒修斯与阿玛戎女王希波吕忒的爱情，引起阿玛戎女子的不满，她们决定兴兵攻打希腊，整个希腊差一点就毁于阿玛戎女子的刀下。

英雄忒修斯与阿玛戎女王希波吕忒的爱情。

忒修斯在远行亚细亚时到了克律姆诺伊，见到了阿玛戎女王希波吕忒并爱上了她，便带她回去做了自己的妻子。然而，这件美事却引起阿玛戎族人的不满，她们决定要兴兵攻打希腊。当时，正值忒修斯深入克里特迷宫杀牛头怪物弥诺陶洛斯之际，阿玛戎人一路所向披靡，不久就直捣雅典城。

眼看整个希腊即将毁于阿玛戎女子的刀下，在这千钧一发的时刻，忒修斯赶回来了，立即组织兵力向阿玛戎展开战斗，忒修斯得到了雅典娜的帮助，战胜了阿玛戎。与此同时，进攻特洛伊的阿玛戎，被英雄阿喀琉斯击败，而赫拉克勒斯也战胜了阿玛戎的另一支队伍，这才彻底消除了阿玛戎的威胁。

在古希腊雕塑中，关于阿玛戎题材的作品非常多，著名雕塑家如菲狄亚斯、波留克列斯特、克列西拉斯等都创作过关于阿玛戎的雕塑，甚至因此而举行了一次创作竞赛。这些作品都保存在艾菲索斯的阿尔忒弥斯神庙内。波留克列斯特的《受伤的阿玛戎》可以视为是这个时期的雕塑作品的典型。

但是，直接描写希阿战争的作品，要算小亚细亚的卡里亚总督莫索洛斯的妻子

鲁本斯《希腊与阿玛戎之战》，约 1598～1602 年，铅笔、羽毛笔，25 厘米 ×43 厘米。
这幅素描以极富动感的人与兽卷缠在一起的复杂构图，来表现战争的激烈情形。

鲁本斯《阿玛戎之战》，约 1615～1619 年，木板、油彩，121 厘米 ×165 厘米。

希腊人与阿玛戎女部落之间的战斗，可谓是希腊的一页光荣史。阿玛戎人有一条族规，为了生育而需要亲近男性者，一定要在战场上杀死一个以上的男性，否则永远不得结婚。

所建造的那座宏伟的坟墓上的浮雕（通称“莫索留姆”上的一组阿玛戎浮雕）。这组雕塑是公元前 4 世纪希腊大雕塑家史珂帕斯、勃留雅西斯等人创作的。莫索留姆阿玛戎浮雕于 1857 年发现，现存 17 块。后来，如鲁本斯、德拉克洛瓦等画家，也均以阿玛戎为题材创作过油画。在 1598～1602 年，鲁本斯创作了一幅素描作品《希腊与阿玛戎之战》（现存于大英博物馆），这幅画以极富动感的人与兽之间卷缠在一起的复杂构图，来表现战争的激烈。另一幅完成于 1615～1619 年的《阿玛戎之战》，则将战争时人马嘶吼的情形与战斗的激烈，表现得淋漓尽致。

Sphinx

人头狮身斯芬克斯

恐怖的猜谜游戏，引发了俄狄浦斯杀父娶母的悲剧。

希腊神话最初受图腾观念的影响，神还不具备人形，和动植物没有太多区别，比如宙斯是鹰、赫拉是孔雀等等。随着文明的发展，神和动植物之间有了区别，而有了人形，即所谓的“神人同形”。

从此以后，希腊神话中留存下来的动物或半人半兽，都成了神话中的鬼怪，例如，克里特岛迷宫中的弥诺陶洛斯（牛首人身）、肯陶洛斯（人首马身）、萨提尔（人身羊脚）、塞壬（半人半鸟），等等。

在希腊神话中，最引人注意的怪物是斯芬克斯。

斯芬克斯是巨人堤丰与半人半蛇厄喀德那所生的女儿。堤丰与厄喀德那是神话中的祖辈，专门生怪物，例如，地狱门三头怪狗刻耳柏洛斯、尼米亚猛狮、勒那九头蛇等，都是他们所生的子女。

斯芬克斯是个狮身人首的女妖，长得很美丽，据说也很有学问，曾经受到过文艺女神缪斯的教导。她出现在古希腊的都城底比斯，是那里的一个大祸害。每当她遇见人，就会用“早上四只脚，中午两只脚，晚上三只脚”的谜题叫人去猜，猜不中的人就会被她吃到肚子里去。死于这个谜题中的人，已经不计其数了。斯芬克斯出现的时期，是底比斯城苦难接踵而至的惨淡时期。

斯芬克斯尚未出现的几天前，国王拉伊俄斯被一个过路人杀害了。斯芬克斯出现之后，人民又连连遭殃。他们不得不以新死了丈夫的王后——美丽的伊俄卡斯忒的婚约作为奖赏，奖励能够杀死斯芬克斯的英雄。

然而，杀死国王、猜出斯芬克斯的谜底（谜底是人）、迎娶伊俄卡斯忒为妻的俄狄浦斯，恰恰就是被命运女神捉弄得最不幸的英雄。因为被他杀死的国王正是他的父亲，而如今的妻子又是他的亲生母亲。

安格尔《俄狄浦斯和斯芬克斯》,1808～1825 年，画布、油彩,189 厘米 ×144 厘米。
猜出斯芬克斯谜底的俄狄浦斯，是被命运女神捉弄的悲剧英雄。当俄狄浦斯知道自己犯下了弑父娶母的大罪后，他痛苦地挖掉了自己的眼睛。

由于斯芬克斯被杀，俄狄浦斯成为底比斯的国王。

不久之后，当俄狄浦斯知道自己犯了弑父娶母的大罪之后，痛苦地挖掉了自己的双眼，成了一个到处流浪的盲人乞丐。不过，他也留下了近代心理学上的一个专有名词“俄狄浦斯情结”（恋母情结）。

斯芬克斯，也会让人联想到埃及的著名古迹——巨大的狮身人面像，虽然它也称为斯芬克斯，却与希腊神话中的斯芬克斯毫无关系，据说，埃及的斯芬克斯是埃及第四王朝哈夫拉王的肖像。

法国学院派古典主义画家安格尔，创作了一幅作品《俄狄浦斯和斯芬克斯》。

由于斯芬克斯难猜的谜语，而当时又没有那么多聪明的俄狄浦斯，所以，斯芬克斯得到了守门神的职务。在欧洲建筑的装饰艺术里，斯芬克斯是十分典型的装饰，有时，她被处理成女首带翼的狮身像。

Paris

特洛伊王子帕里斯

一个金苹果，引发了神人混战十年的特洛伊战争。

特萨利亚王珀琉斯和海仙涅柔斯的女儿忒提斯举行婚礼时，邀请了奥林匹斯所有的神，但为了使婚礼愉快地进行，他们没有请专门闹事的女神厄里斯。厄里斯一气之下，决心要在参加婚礼的众神中引起一场不可收拾的祸事。

于是，当婚礼进行时，她腾云驾雾地飞抵婚礼现场，投入了一个金苹果，上面写着“赠给最美丽的女神”。众女神见了这个金苹果，都想据为己有。

鲁本斯《帕里斯的裁判》，约1635年，木板、油彩，145厘米 ×190厘米。

“帕里斯的裁判”是关于特洛伊战争起因的关键性情节，也是画家特别喜欢的创作主题。其中，帕里斯以“美的裁判者的形象”出现在画面上。

大卫《帕里斯和海伦之爱》，1788 年，画布、油彩，146 厘米 ×181 厘米。
阿佛洛狄忒把斯巴达国王的妻子海伦，拐骗给了特洛伊王子帕里斯。斯巴达国王因而大举兴兵攻打特洛伊城，引起了绵延十年、神人混战的特洛伊战争。

最后，大家决议在赫拉、雅典娜和阿佛洛狄忒 3 位女神之中选择。宙斯因为自己的妻子赫拉参与了争夺金苹果的大战，不宜作为裁判，于是，他决定就由赫耳墨斯带领 3 位女神去找公正的裁判者。赫耳墨斯叫正在伊大山上放牧的特洛伊王普里阿摩斯的儿子帕里斯来做仲裁。

事情一定，3 位女神就各自以最美的姿势，亭亭玉立地站在帕里斯面前。这可使帕里斯难于送出这个金苹果，因为眼前这 3 位女神实在都是绝代佳人。正当他举棋不定时，3 位女神都急于想获得金苹果，而极力讨好帕里斯。

天后赫拉先发言，她说，若把金苹果判给她，她能让帕里斯成为世界的王。雅典娜则答应让帕里斯成为大智大勇者，这倒不假，雅典娜本身就是智慧的化身。但阿佛洛狄忒却以爱的诱惑夺得了金苹果，因为她许诺帕里斯，若把金苹果判给她，她就找一个世界上最美的女人，许配给帕里斯做妻子。

为了实现这个承诺，阿佛洛狄忒就把斯巴达国王墨涅拉俄斯的妻子——大美人海伦，拐骗给了帕里斯。墨涅拉俄斯为了夺回妻子，动员全希腊勇武的战士，以他

马奈《草地上的午餐》，1863 年、画布、油彩，208 厘米 ×264 厘米。

马奈此画开启了希腊神话近代阐释之先河，构图完全来自拉斐尔的《帕里斯的裁判》的一部分。但这幅画在最初招致了批评，因为当时只有在神话主题中表现天神时，才允许画裸体。

雷诺阿《帕里斯的裁判》，1913~1914年，画布、油彩，73厘米×92.5厘米。阿佛洛狄忒告诉帕里斯，如果把金苹果判给她，她就会找一个世界上最美丽的女人，许配给帕里斯做妻子。

的哥哥迈锡尼王阿伽门农为统帅，大举兴兵攻打特洛伊城。这次战斗还牵连了整个神界，引起了绵延十年的神人混战。

在希腊神话中，特洛伊战争的故事是极为重要的组成部分，甚至连古罗马的开创历史都与特洛伊战争有关。公元前8世纪，希腊盲诗人荷马的史诗《伊利亚特》和《奥德赛》即以特洛伊战争为题材，前一部描写的是特洛伊战争最后四天的战斗，后一部描写的是奥德修斯（罗马神名为：尤里西斯）等希腊英雄在战后回家的十年经历。

特洛伊战争的故事，成为古典艺术家的创作题材。“帕里斯的裁判”是关于特洛伊战争起因的关键性情节，尤其受到许多画家的青睐，成为创作主题。

欧洲有些画家把帕里斯当作“美的裁判者”。鲁本斯的弟子凡·戴克，甚至把自己化装成帕里斯，画了一幅自画像，以示他拥有高超的审美能力。鲁本斯的《帕里斯的裁判》、大卫的《帕里斯和海伦之爱》和雷诺阿的《帕里斯的裁判》，都取材于这个故事。

1863年，马奈画成了《草地上的午餐》，这幅画最初提交给官方沙龙展览时被拒绝，后来在落选沙龙上展出时引起轩然大波，招致批评与谩骂。后来有人发现，马奈此画的构图，完全来自拉斐尔的《帕里斯的裁判》的一部分（右下角3个裸体男女）。马奈此画开启了希腊神话近代阐释之先河，因此闻名于世。

Iphigeneia

善良纯洁的伊菲革涅亚

她代父偿罪，毅然走上祭坛，却成了月神庙里的女祭司。

特洛伊王子帕里斯拐走了斯巴达王后海伦之后，为了抢回海伦，全希腊开始总动员。在阿伽门农统帅下，士兵云集奥利斯港，待命扬帆，特洛伊战争爆发了。

命运，却往往在这种最紧要的关头捉弄人。

有一天，阿伽门农在林中狩猎，无意中射死了月神阿尔忒弥斯的爱鹿，于是月神请海神和风神兴风作浪，迫使船只无法开航。经巫师卡尔卡斯占卜的结果，要把阿伽门农的女儿伊菲革涅亚献祭给月神，才能平息月神的怒怨和风浪，希腊船队也才能出发。

伊菲革涅亚是阿伽门农最宠爱的女儿，她美丽温柔、忠贞纯洁。然而，阿伽门农拗不过神的愤怒和全希腊的利益，只能忍痛牺牲爱女。伊菲革涅亚知道了自己的命运之后，为了弥补父亲的过错和希腊的荣誉，决心慷慨赴义，勇敢地走上了祭坛。

就在卡尔卡斯要动刀杀祭时，突然间天昏地暗，等到天象恢复常态，祭坛上早已不见伊菲革涅亚的身影，只见一头母鹿死于祭台上。原来，阿伽门农父女两人忠于祖国和人民的行为，唤起了月神阿尔忒弥斯的怜悯，她赦免了阿伽门农的过错，救走了伊菲革涅亚，在

安塞姆·费尔巴哈《伊菲革涅亚》，1872年，画布、油彩，249厘米×174厘米。

心地善良的伊菲革涅亚，在陶里斯的阿尔忒弥斯庙当女祭司。她常常独自坐在海边，眺望着远隔重洋的故乡。

《伊菲革涅亚》，那不勒斯瓶画。
女祭司伊菲革涅亚（右二）发现，坐在祭坛上准备就祭的人竟是自己的弟弟。

天昏地暗之间，将她带到了陶里斯，作为这个地方的阿尔忒弥斯庙的女祭司。

其实，与其当女祭司，还不如死去的好。伊菲革涅亚是个心地善良的姑娘，但她担任的祭司职务却不得不将很多外乡人通过祭坛送入冥国，她的工作虽然是为了祭祀阿尔忒弥斯，但是与刽子手无异，这种痛苦时时刻刻噬咬着她善良的灵魂。

伊菲革涅亚常常独自坐在海边，眺望着远隔重洋的故乡，思乡情切。

很多年以后，伊菲革涅亚遇上了弟弟俄瑞斯忒斯和另一位青年皮拉得斯。终于在雅典娜的帮助之下逃出了陶里斯，回到了故乡，但她的未婚夫已经死去，悲痛之余，她依然做回了阿尔忒弥斯庙的祭司。

自古希腊的雕塑、绘画直到欧洲近代的艺术，取材于这个悲剧故事的作品不少。

那不勒斯瓶画《伊菲革涅亚》，表现的是俄瑞斯忒斯已坐在祭坛上准备就祭，这时，伊菲革涅亚发现他就是自己的弟弟。画面左面站着的是皮拉得斯，右面第二个女的是伊菲革涅亚，上面一男一女是阿波罗和阿尔忒弥斯，那个屋子是阿尔忒弥斯庙。

德国画家费尔巴哈曾经画过两幅《伊菲革涅亚》，其中一幅表现的就是伊菲革涅亚隔岸远眺家乡的忧伤心绪。

Laocoon

祭司拉奥孔

因为识破木马屠城计，他被雅典娜用蟒蛇活活勒死。

古代希腊雕塑中最为一般人所熟悉的，莫过于《拉奥孔》群像。这是根据特洛伊战争结束时的一个惊心动魄的故事所创作的。

特洛伊战争打了十年，两军对垒各不相让。在这样的僵局下，希腊方面接受了巫师卡尔卡斯的预言，由伊塔卡国王奥德修斯想出计谋，制造了一只巨大的木马，里面藏着希腊的精兵，放在特洛伊城外。其余的士兵则全都退到特涅多斯岛隐藏起来，准备等木马被拉进特洛伊城之后，出其不意，来个里应外合，攻破特洛伊城，抢救出皇后海伦，结束战争。

退兵时，希腊方面派出一个名叫赛农的武士，伪装成受希腊迫害的人，藏在木马身下，让特洛伊一方掳去。赛农在特洛伊国王面前撒谎，说木马是希腊方面赔给特洛伊城的礼物，以抵偿被盗去的特洛伊保护神帕拉斯·雅典娜像。

奥德修斯的这个诡计，被特洛伊城祭司拉奥孔识破。

当木马在海滨要往特洛伊城里运送的时候，拉奥孔就大力劝阻特洛伊国王普里阿摩斯千万不能接受木马，否则难逃亡国之祸。拉奥孔正在劝导时，特洛伊的士兵们在木马身下发现了那个伪装的赛农，他在特洛伊国王面前花言巧语地把拉奥孔的忠告，置于毫不可信的地步。

更严重的是，因为木马屠城计是由奥德修斯设计，而雅典娜又是奥德修斯的保护神，同时，这个女神因特洛伊王子帕里斯把金苹果判给了阿佛洛狄忒，特洛伊人因而失去了雅典娜的欢心。

在这种复杂纠结的情况之下，拉奥孔想要戳穿这个诡计，可说是完全违背了雅典娜的意志。于是，雅典娜就派出两条巨蛇，将拉奥孔父子三人活活缠死。

这是一个爱国者触犯神的意志而引起的悲剧。在欧洲民间谚语中，木马屠城

阿格桑德罗斯、波留多罗斯和阿典诺多罗斯《拉奥孔》，公元 1 世纪，高 184 厘米。
拉奥孔想要戳穿希腊的木马屠城计，却遭到雅典娜的毒手，父子三人惨遭两条巨蛇活活缠死。

格列柯《拉奥孔》，1610～1614 年，画布、油彩，137.5 厘米 ×132.5 厘米。
希腊裔西班牙画家格列柯，诠释拉奥孔的惩罚"神的意志，不得违抗"，这是希腊神话题材中令人最难忍受的恐怖主义作品。

计被称为"希腊的礼物"，意即"危险的赐予"，是一个敌人的笑脸诡计，警告人们万万不可轻信。

《拉奥孔》群像刻画了拉奥孔父子三人被蟒蛇死死缠住，正在无力挣扎的一刹那。1506 年，这座群像在罗马的提图斯浴场遗址附近被发现。根据资料，这座群像是公元前 50 年左右，由希腊罗得岛上的 3 位大雕塑家阿格桑德罗斯、波留多罗斯和阿典诺多罗斯集体创作的。

发现《拉奥孔》群像时，正值意大利文艺复兴时期的初盛期，群像立即引起了艺术家们的普遍重视，直到现在，《拉奥孔》群像依然被认为是希腊化时期最重要的雕塑，在欧洲艺术史上占有重要的典范地位。德国古典美学家莱辛，根据这座雕塑写了一篇题为《拉奥孔》的美学论文，详尽研究了《拉奥孔》群像，并由此探讨绘画与诗的美学关系，为欧洲美学史上的重要著作之一。

西班牙画家埃尔·格列柯也以此题材创作了一幅油画。

格列柯是个内心复杂的希腊裔西班牙画家，作为一位宗教画家，他用一神论的观念诠释拉奥孔受到惩罚是由于“神的意志，不得违抗”。这是希腊神话题材中令人最难忍受的恐怖主义作品。

Romulus

罗马帝国的建立

被母狼救走的双胞胎兄弟，建立了罗马城，而狼则成了罗马的大恩人。

罗马帝国于公元前 146 年征服了希腊，对希腊的一切崇拜至极，因而把自己建国的历史也延伸到关于特洛伊战争的希腊神话中去。

为了美女海伦，希腊与特洛伊进行了长达 10 年的神人混战，双方都有无数英雄死于沙场，最后，特洛伊亡于奥德修斯的木马屠城计之下。希腊人占领特洛伊之后，烧杀掠夺，特洛伊到处是火海血痕。

在这混乱的战火弥漫中，爱神阿佛洛狄忒和安吉塞斯生的儿子——英勇的埃涅阿斯幸免于难，逃出了特洛伊。他过着凄苦的流浪生活，最后流浪到了台伯尔河岸的拉丁努斯王的领地。

国王接待了这位可怜的流浪者，当国王知道埃涅阿斯出身于特洛伊名门贵族时，就把女儿拉维尼亚许配给他，之后，埃涅阿斯就继承了拉丁努斯的王位。

埃涅阿斯死后，他的儿子阿斯卡尼乌斯（又名伊乌路斯）继任王位，建新城阿尔柏隆格，一直过着平稳的生活。阿斯卡尼乌斯王朝传至努弥托耳时，发生了一件大事，努弥托耳被他的弟弟阿穆利乌斯推翻。

努弥托耳的女儿里亚·希薇亚，被送到维斯塔女神殿当贞女，但希薇亚被罗马战神玛尔斯看中，怀孕后生了一对双胞胎。这破坏了贞女戒律，希薇亚因而被判处死刑，两个可怜的孩子也被判投入台伯尔河。

但这对双胞胎并没有死去，因为奉命去处死孩子的奴隶动了恻隐之心，他们把孩子放在了一个不漏水的篮子里，顺着浅水放下，而篮子飘到了台伯尔河畔的巴拉提努斯山脚下，被一棵无花果树的树枝勾住。

两个孩子在震动之下醒来，哭声惊动了一匹下山来喝水的母狼。母狼看见这两个孩子后，非但没有吃他们，反而把兄弟俩带到山上，以狼乳救活了这一对可怜的

古罗马雕塑《卡庇托里乌姆母狼雕像》，高 75 厘米。
贞女希薇亚和战神所生的双胞胎逃过一劫，被装在篮子里。篮子顺着水流飘到山脚下。一匹母狼将这对可怜的小兄弟带到山上，以狼乳救活了他们。

小兄弟。

后来，国王的牧人法乌斯图路斯在山上找到了这两个孩子，把他们交给了国王，国王把孩子交给妻子拉伦蒂娅抚养，并为这两个孩子取名为罗慕路斯和勒莫斯。兄弟两人长大后，成了力大无比的英雄。

他们知道自己悲惨的遭遇之后，杀死了阿穆利乌斯王，救出了自己的祖父努弥托耳，仍拥护其为王。兄弟两人在从小长大的巴拉提努斯山下，另立新城。在替新城命名时，他们发生了争吵，最后，两人去神忏所请神出面为此事裁判。罗慕路斯在巴拉提努斯山受神谕，勒莫斯在阿非思山受神谕，结果，巴拉提努斯山上出现十二羽翼鹰，阿非思山出现六羽翼鹰。

神决定由哥哥罗慕路斯命名新城，但弟弟内心感到极度不满，从而引发兄弟之间一场无法避免的争斗，结果罗慕路斯杀死了弟弟。因此城名便叫作罗慕路斯，后来就称为“罗马”。根据罗马古物学家铁仑提乌斯的《瓦罗纪年》，此事发生于公元前 754 年。古罗马大诗人维吉尔（公元前 70～公元 19 年）写了一首长诗《伊尼特》，记载了这个神话，被称为《伊利亚特》的续篇。

狼，在希腊神话中是由残忍的吕卡翁王变的，它一直是狡猾残忍的象征，唯独在这个传说里，狼是罗马的大恩人。公元前 5 世纪的罗马雕塑中，留下了一座动物雕塑《卡庇托里乌姆母狼雕像》，这座雕塑被认为就是以那匹救出双胞胎的母狼为原型塑造的，但下面的两个孩子是文艺复兴时期才加上去的。

The Sabine Women

萨宾的女人们

王后领军，带着女人、孩子奔向战场阻止战争。

罗慕路斯建立了罗马城以后，城内的居民很少，由于缺乏女性，以至于连繁衍子孙都成问题。但邻近地方的居民又都不愿意将自己的女儿嫁给罗马人，导致罗马面临亡国的危机。这件事情让罗慕路斯伤透了脑筋，经过元老院的研究，他们决定使用欺骗的手段，去夺取人丁兴旺的邻地萨宾的女人。

那天，罗慕路斯邀请萨宾居民前往罗马城参加狂欢节。

罗慕路斯特别热情，并用大量的美酒招待来宾。狂欢正在进行时，大批身强力壮、年轻美貌的罗马青年人就混在欢乐的队伍里，把萨宾的女人连哄带拉，拐跑一空。萨宾国王塔提乌斯知道了这件丑事，立即动员全国人民训练士兵，准备攻打罗马城，发誓一定要夺回萨宾的女人们，以报仇雪恨。

经过多年准备，萨宾向罗马发起挑战，双方即将卷入血腥混战。

但这时，萨宾的妇女们早已习惯了罗马的生活。有的女人已经怀孕，更有女人已经生下孩子。战争一旦爆发，她们的丈夫都得整装出发，生死难料。萨宾的妇女们既不愿意自己的丈夫遭遇不测，也不愿意萨宾的亲人死于沙场，因而她们成群结队去请求罗慕路斯王的妻子赫耳西利亚。

赫耳西利亚当然也不愿意自己的丈夫去打仗，于是，她率领众妇女、带着孩子奔赴战场。正当要进行厮杀的时候，大队妇女和孩子冒着枪刺冲向萨宾和罗马军队之间，连哭带闹地苦苦哀求自己的萨宾父老和罗马的丈夫们快快停止战争，免得让她们下半生只能过着凄凉的守寡生活。

法国画家大卫创作的《劫夺萨宾妇女》歌颂了萨宾妇女制止战争的勇敢精神，画面正中的赫耳西利亚王后伸出双手，阻止了自己的丈夫罗慕路斯（盾上有牝狼纹章者）和萨宾国王塔提乌斯的刀枪。这幅作品完成于 18 世纪的最后一年，受到 19

普桑《抢劫萨宾妇女》，1638 年，画布、油彩，155 厘米 ×210 厘米。

罗马人为了解决子孙繁衍的困境，竟使用欺骗的手段夺取萨宾的女人。萨宾国王知道这件丑事之后，准备攻打罗马城，发誓一定要夺回萨宾的女人们。

大卫《劫夺萨宾妇女》，1799 年，画布、油彩，365 厘米 ×522 厘米。

大卫歌颂了萨宾妇女制止战争的勇敢精神。画面正中间的赫耳西利亚王后伸出双手，阻止自己的丈夫罗慕路斯（盾上有牝狼纹章者）和萨宾国王塔提乌斯的刀枪。

世纪浪漫主义画家们的重视。

意大利雕塑家波洛尼亚也创作了《强掳萨宾妇女》，这座雕塑很容易与贝尔尼尼的《哈迪斯的抢劫》产生混淆。《哈迪斯的抢劫》上有怪狗刻耳柏洛斯，而《强掳萨宾妇女》上有一个代表受骗的萨宾男人。另外，普桑的《抢劫萨宾妇女》，在这个神话题材中也是一幅名作。

鲁本斯的《洗劫萨宾妇女》则是他遵循古代雕塑家对人物形象的创作方法而绘制的，只是他用活跃的生命取代了冷硬的石块，以渲染画面的气氛。鲁本斯的画风不受形式的拘泥与约束，线条自然而流畅，充分展现了绘画的力量与激情，这幅作品无疑让他的创作生涯达到巅峰。

由于萨宾妇女的阻止和双方的亲戚关系，这门亲事虽然极不愉快，但总算取得

波洛尼亚《强掳萨宾妇女》，1851～1583 年，大理石，高 410 厘米。

鲁本斯《洗劫萨宾妇女》，1635～1637 年，画布、油彩，170 厘米 ×236 厘米。

由于萨宾妇女的阻止和双方的亲戚关系，这门亲事虽然极不愉快，但总算取得双方的谅解。后来萨宾和罗马还联合成一个强国，两国国王共同治理国政，从此罗马日益强盛，称雄一时。

双方的谅解。在勇敢的赫耳西利亚的大力周旋下，萨宾和罗马还联合成一个强国。两国国王共同治理国政，从此罗马日益强盛，称雄一时。罗慕路斯死后被封为罗马战神奎里努斯，他还与王后赫耳西利亚一起被接到天上，希腊、罗马神话于此终结。

基督教神话

CHRISTIAN MYTHOLOGY

Adam and Eve

亚当和夏娃

他们偷吃禁果，被逐出伊甸园之后该怎么办？

根据犹太希伯来神话，全能的神耶和华（即上帝）开天辟地之后，在6天之内创造了大自然的一切生物，并用泥土创造了一个男人，他向这个男人的鼻孔里吹了一口气，此人就有了灵气。耶和华为他取名叫亚当，又从亚当的身上取出一根肋骨造了一个女人，取名叫夏娃。

亚当和夏娃住在天国的伊甸园里，过着舒适惬意的生活，因为伊甸园里长满了可口甜美的果实，他们根本不需要工作。但有一项约定，就是不准吃生命树和善恶树上的果子。

有一天，一条蛇引诱夏娃去偷吃善恶树上的果子，哄骗她说吃了这种果子，眼睛就亮了。夏娃被蛇说动了心，自己吃了果子之后又引诱亚当也来吃。

偷吃果子的事情被耶和华知道了，如果亚当和夏娃再继续偷吃生命树上的果子，他们就会像神一样永生不死了。为了惩罚这对罪人，耶和华将他们逐出天国打入大地，并诅咒说："人必终身劳苦，地里才能长出庄稼来养活自己。"所以，在希伯来神话当中，认为人世间是"炼狱"，是人洗脱罪孽的地方。

亚当和夏娃被逐出天国，是人类的开始。

这个故事一直被许多宗教画家们所取材。意大利大雕塑家米开朗基罗从1508年起，用了4年的时间，为梵蒂冈西斯廷教堂的穹顶画了《创世纪》的全部故事，以及《旧约》全书中著名的英雄与先知等事迹。这是欧洲艺术史上宝贵的遗产，也是一个艺术家最坚毅的创作。

亚当和夏娃被赶到了大地之后，生儿育女，变成了世俗之人。

但耶和华看见人类作恶多端，于是引来洪水想将人类全部淹死，唯有诺亚是个义人，他受耶和华的指示，建造了一艘分上下三层的方舟，将大地万物每一种都选

米开朗基罗《创世纪》，壁画，13 米 ×36 米。

这幅巨型壁画创作于 1508～1512 年，历时 4 年多。画面取材自《圣经》的开头部分，是关于开天辟地直到诺亚方舟的故事，分别为《神分光暗》《创造日、月、草木》《神分水陆》《创造亚当》《创造夏娃》《原罪：逐出伊甸园》《诺亚献祭》《大洪水》《诺亚醉酒》。画面由以上 9 幅中心画面和众多装饰画组成，共绘有 343 个人物。

季培尔底《亚当和夏娃被逐出天国》，1378～1455 年，铜镀金，79 厘米 ×79 厘米。
夏娃和亚当偷吃果子的事被耶和华知道后，为了惩罚这对罪人，耶和华将他们逐出天国打入大地。

择雌雄一对，放进方舟里，准备渡过大洪水。

诺亚的方舟在水上漂流了 40 天后，诺亚开了方舟的窗子放出一只乌鸦，但那只乌鸦没有给诺亚带回来任何音信，于是过了不久，他又放出一只鸽子，然而遍地都是水，鸽子毫无栖身之处，就飞了回来。7 天之后，诺亚又放出了鸽子，等到鸽子晚上回来时，它的嘴里含了一片橄榄叶，诺亚知道洪水开始消退了，树木已经伸出水面。

又过了 7 天，诺亚放出去的鸽子就没有再回来了。到了诺亚六百零一岁的正月一日，洪水全部退尽，诺亚一家走出方舟，又将雌雄匹对的生物全部放出方舟，从

丢勒《亚当和夏娃》，1507年，木板、油彩，209厘米×81厘米（左），209厘米×83厘米（右）。

亚当和夏娃住在天国的伊甸园里，过着舒适惬意的生活。但有一个约定，就是不准吃生命树和善恶树上的果子。

马萨其奥《亚当与夏娃被逐出伊甸园》，1424～1425年，湿壁画，208 厘米 ×88 厘米。

为了惩罚这对罪人，耶和华将他们逐出天国打入大地，并诅咒说："人必终身劳苦，地里才能长出庄稼来养活自己。"所以，在希伯来神话当中，认为人世间是"炼狱"。

此，他们就在地上定居下来。

英国画家米雷斯根据诺亚方舟的故事创作了《鸽子回到方舟》这幅作品，画面中鸽子停在一个女孩的胸前，这个女孩因为洪水退去、和平即将到来的信息而幸福地闭上了双眼，另一个女孩则激动地亲吻着鸽子。

欧洲人以"鸽子"作为报喜讯的使者，以"橄榄叶"来象征和平，就是根据这个传说而来的。

意大利文艺复兴早期的佛罗伦萨雕塑家季培尔底，其装饰于佛罗伦萨洗礼堂东扉门上的浮雕《亚当和夏娃被逐出天国》，将这个故事中的几个重要情节组合在一起。左下角是亚当的创造，正中间是夏娃的创造，左上角是蛇引诱夏娃和亚当吃善恶树的果子，右下角则是他们被逐出天国的情形。丢勒、马萨其奥与克拉纳赫也都创作过亚当与夏娃的形象。丢勒的《亚当和夏娃》描绘的是蛇引诱夏娃与亚当偷尝

克拉纳赫《亚当与夏娃》，1531 年，湿壁画，51 厘米 ×35 厘米。

画家将画面锁定在生命树和善恶树下，描绘夏娃在受到蛇的引诱之后，也来引诱亚当吃下禁果的情形。

林堡兄弟《逐出乐园》，1413～1416 年，29 厘米 ×20 厘米。

米雷斯《鸽子回到方舟》，1851 年，画布、油彩，88 厘米 ×55 厘米。

这幅作品根据诺亚方舟的故事创作而成。画面中鸽子停在一个女孩的胸前，这个女孩因为洪水退去、和平即将到来的信息而幸福地闭上了双眼，另一个女孩则激动地亲吻着鸽子。

禁果的情形，画面中的亚当与夏娃依然在伊甸园中，享受着不食人间烟火的美好。但在马萨其奥创作的《亚当与夏娃被逐出伊甸园》中，亚当羞愧难当，夏娃仰面大哭，对他们两人来说，这是人间炼狱的开始。克拉纳赫的《亚当和夏娃》则描绘出夏娃在受到蛇的引诱之后，也来引诱亚当偷尝禁果的情形。画面的背景则是在生命树和善恶树下，树上缠绕着邪恶的蛇。林堡兄弟所创作的《逐出乐园》，同样也是在描述这个故事。

罗丹根据但丁《神曲》三部曲构想了《地狱之门》，在这组群像中，单体制作成的雕塑就有《亚当》和《夏娃》。罗丹想要强调的是他们偷尝禁果之后的悔恨之情，以及感受到今后必定辛劳而忍辱负重的心态。但其独特造型难以被宗教界承认。

罗丹《夏娃》，1881年，青铜，172厘米×49厘米×63厘米。

Tower of Babel

巴别塔

当大洪水过后，人们开始建造一座通天高塔。

大洪水过后，诺亚的家族繁衍起来，他们往东迁到示拿这个地方，来到一块大平原安居下来，后来，这里渐渐地发展成了一个人口众多的城镇。这时，人们发明了用泥土烧砖头、造房子的技能，于是他们准备在平原上建设一座大城市。

由于他们的祖先被洪水吓怕了，这些后辈们就想造一座高塔，以防止未来的水患。

勃鲁盖尔《巴别塔》，1563 年，木板、油彩，114 厘米 ×155 厘米。

洪水过后，诺亚的家族准备在平原上建设一座大城市。由于被洪水冲怕了，他们就想造一座能够通往天上的高塔。

他们的计划十分庞大。塔要大到全城的人都能住得进去，要高到能通往天上。不料，这件事又被耶和华知道了。他想：人类刚刚繁荣起来，就要造塔通往我的宝座，日后他们还会翻天覆地！于是，他以神魔搅乱示拿人的语言。

正在积极造塔的示拿人，突然之间彼此听不懂对方所讲的话了。甲叫乙去拿砖，由于语言不同，他却拿来了一桶水，令人啼笑皆非。丙叫丁去挑大梁，丁所说的语言中“大梁”也许是一句骂人的话，于是引起了语言纠纷，结果是塔没有造成，反而弄得全城一片混乱，大家只得按照使用语言的不同，打散到各地分居。

从此，示拿改名“巴别”（意即“变化”），才建了一半的塔就称为“巴别塔”。这便是基督教神话中解释世界各地区民族语言来源的故事。后来，欧洲文学家常常以此来形容多方言的地方。

尼德兰画家老勃鲁盖尔，最擅长用宏伟的构图来表现热闹的生活场景，他曾经创作过两幅《巴别塔》。

Abraham

试探亚伯拉罕

对神要有多大的信心，才能把自己的儿子当祭品？

巴别塔事件之后，示拿人分散到了各地。

耶和华选中了一个叫亚伯兰的闪族人，叫他代替自己在世上行道。耶和华叫亚伯兰离开闪族往南迁移，于是亚伯兰受耶和华指示，扶老携幼，经过示剑、伯利特，辗转埃及，又迁移到迦南的幔利橡树林定居。在亚伯兰 99 岁那年，耶和华命令亚伯兰改名叫亚伯拉罕，从此，亚伯拉罕家业兴盛，并和他的妻子生下一个儿子，取名以撒，爱他如掌上明珠。

但命运就在这时捉弄人，有一天，耶和华突然降临，要亚伯拉罕将爱子以撒献祭给耶和华。这件事的确残忍，但笃信耶和华的亚伯拉罕甘愿忍受，他带着孩子和祝祭的器具到摩利亚山行祭礼。

可怜的以撒，还问父亲："为何不带祭品？"他哪里知道，他自己就是祭品！

到了摩利亚山，做好一切祝祭的准备后，亚伯拉罕就将儿子放在柴堆上，但他正要动刀杀祭时，突然霹雳一声，天使出现，拉住亚伯拉罕的手，不准他杀子，并告知这是耶和华对亚伯拉罕的试探，看他是否真的相信神。

耶和华对亚伯拉罕的试探，几乎超出亚伯拉罕所能忍受的最大限度。从此，耶和华就正式授命亚伯拉罕为他在世上的代理人，诸如大卫、所罗门等《旧约》上的先知与英雄，都是他的后代。耶稣也是他第 52 代的后辈约瑟的儿子。

在宗教画中，以亚伯拉罕为题材的画作并不多，但试探亚伯拉罕的议题却很重要，不少画家以此为题，留下了著名的作品。据说，意大利的雕塑家们在 1401 年，曾经举办过一次关于"亚伯拉罕献祭以撒"的浮雕创作比赛，一共有 7 个人参赛，比赛结果是，当时还十分年轻的雕塑家季培尔底和著名的建筑艺术家伯鲁涅列斯基，双双获得最高荣誉。鲁本斯创作的《亚伯拉罕献祭》，也是以这个题材

季培尔底《亚伯拉罕献祭以撒》，1401~1402 年，镀金，45 厘米 ×40 厘米。

有一天，耶和华突然降临，要亚伯拉罕将爱子以撒献祭给耶和华。笃信耶和华的亚伯拉罕甘愿忍受这个不幸，他带着孩子到摩利亚山行祭礼。

鲁本斯《亚伯拉罕献祭》，1620 年，木板、油彩，50 厘米 ×65 厘米。

亚伯拉罕将儿子放在柴堆上，正要动刀杀祭，突然有一位天使出现，拉住他的手，告诉亚伯拉罕这是耶和华对他的试探。此后，耶和华正式授命亚伯拉罕为他在世上的代理人。

创作的，画面中可以看到天使在千钧一发之际，适时制止了亚伯拉罕的献祭仪式，拯救了以撒。

Moses

以色列的民族英雄摩西

当法老王的女儿捡到了他，以色列人的命运从此改变。

关于以色列人大迁徙的故事，在《旧约·创世纪》中有很多记载。这个主题也曾经被拍成电影《出埃及记》。

故事中记载，有一支雅各族人带领大批以色列人来到埃及，他们很快在埃及定居，并强盛起来。以色列人的强盛，使埃及国王感到非常恐惧，怕他们集中起来推翻埃及王朝。

于是，埃及国王下令对以色列人施行暴政，勒令以色列人做苦役，为埃及王朝建造两座囤货用的巨大仓库，即比东库和兰塞库。为了消灭以色列族，埃及王还不准以色列人生育男孩，下令以色列人生的男孩一律要处死。

就在这苦难的年代，有一个名叫暗兰的利末人，他的妻子约基别生了一个男孩。母亲见孩子长得俊美，舍不得处死，偷偷地养了 3 个月。但事情最终还是被发现了，不能再隐藏下去。孩子的父母只得忍痛拿了一个蒲草箱，抹上石漆和油，将这个男孩放在箱子里。男孩的姐姐哭哭啼啼地背着箱子出去了，把箱子搁在河边的芦荻中。临走时，她还依依不舍，远远地站在一边，想看看她的弟弟究竟下落如何。

过了不久，法老王的女儿来到河边洗澡，她的使女们发现了这个蒲草箱，打开箱子发现了一个孩子。孩子大哭，法老王的女儿很可怜他，抱着哄他。这时，孩子的姐姐就走出来，说这是以色列人的孩子，劝法老王的女儿养活他，并说可以代他找奶妈。

法老王的女儿决定把这个捡到的小男孩带回去，法老王看这孩子长得很美，就同意养他，并为这个孩子取名为摩西（意即“水中拾得”），还请那个女孩子去雇奶妈。这个聪敏的女孩，就把自己的母亲推荐给法老王。这样一来，摩西非但没有死，而且还平平安安地生活在母亲的怀抱里。

米开朗基罗《摩西像》，1515 年，大理石，高 235 厘米。

摩西头上的角象征权力、威严和刚毅，为希伯来传说中的圣光。著名的《摩西十诫》是古以色列的立法基础。

摩西长大之后，受到了耶和华的恩赐，成了以色列人的英雄，领导以色列人走出埃及。所以，摩西被尊为古代以色列民族的大智大勇者。

摩西还是著名的立法家。《摩西五经》包括各种诫命、律例和典章，著名的《摩西十诫》是古以色列的立法基础。在欧洲文学艺术中，摩西一直是公正不阿的法权象征。

欧洲艺术史上最著名的摩西像，是米开朗基罗的一座《摩西像》雕塑。摩西头上的角象征着权力、威严和刚毅，为希伯来传说中的圣光。而为摩西一生而作的画作非常多，画家委罗内塞、提埃坡罗也都创作过关于摩西被救的油画。画的都是法老王的女儿从水中救出小摩西的情景。委罗内塞一贯以华丽的风格来诠释画面，而提埃坡罗的《摩西获救》则以大场景来描绘摩西被救，从局部图当中，我们可以清楚地看到人物表情的细腻与传神之处。塞巴斯蒂安·波登约于 1655 年创作的《摩西

委罗内塞《摩西被救》，1570～1575 年，画布、油彩，58 厘米 ×45 厘米。
法老王的女儿来到河边洗澡，打开蒲草箱一看，发现一个小男孩。这时，小男孩的姐姐走了出来，说这是以色列人的孩子，劝法老王的女儿养活他。

提埃坡罗《摩西获救》，1740 年，画布、油彩，200 厘米 ×339 厘米。

画家以金字塔形的画面结构来安排摩西被救的场景。从局部图中，可以看到人物表情的细腻与传神之处。

塞巴斯蒂安 · 波登《摩西被救》，约 1655 年，画布、油彩，120 厘米 ×173 厘米。

法老王的女儿决定把这个捡到的小男孩带回去，法老王看这孩子长得很美，就同意养他，并为这个孩子取名摩西，意即“水中拾得”之意。

阿尔玛－塔德马《发现摩西》，1904 年，画布、油彩，138 厘米 ×213 厘米。
这幅画描绘的是迎接摩西回到埃及皇宫的行进队伍，尤其突出了法老王的女儿望着蒲草箱里的小摩西的慈爱神情。

被救》，同样在描述这个情景。唯美主义的荷兰画家阿尔玛－塔德马的《发现摩西》，描绘的是迎接摩西回到埃及皇宫的行进队伍。在画面中，法老王的女儿慈爱地望着蒲草箱里的小摩西。

King David

英雄国王大卫

他以无比的智慧与勇气，拔出利刃割下巨人的头。

大卫是古以色列国第二代国王，在位时推翻了非利士异族统治，统一了以色列，可以说是一位相当杰出的国王，在古代东方史上有一定的历史地位。在《旧约》中，他被誉为是亚伯拉罕的第十四代后裔，是重要的传奇人物。

大卫是伯利恒先知耶西的儿子。那时的以色列国王是扫罗，但扫罗不得耶和华的欢心。耶和华看中了大卫，并遣先知撒母耳去伯利恒为大卫做弥撒（即“祝福”的意思）。

扫罗在位时，非利士人兴兵攻打以色列，他们的军队已进攻到以色列的以弗大悯。为抵抗外国侵略，扫罗的军队进驻以弗大悯附近的以拉。两军对垒，各不相让。非利士兵营中有一个名叫哥利亚的武士，他身高八尺，头戴钢盔，身穿铠甲，甲重 5000 舍客勒，腿上有钢护膝，两肩背负钢戟，手持巨枪，简直武装到了牙齿。以色列军队的将领慑服于这个巨人哥利亚，在哥利亚出战的 40 天里，都躲在军营里不敢迎战。

扫罗王只得出榜召集全天下的英雄豪杰，扬言只要能杀死哥利亚、解国家危急者，一定给予巨赏，并把公主许配给这位英雄。然而，国内还是没有半个人敢来应征。

有一天，大卫去看望在扫罗军营中的 3 个哥哥，他在战场上看到了飞扬跋扈的哥利亚，这伤了青年大卫的自尊心，他立即请求上战场去杀哥利亚，一雪以色列遭受的耻辱。扫罗看见大卫坚毅的决心，立即将自己的甲胄送给大卫，可是大卫穿不惯，他依然穿着普通牧民的衣服，手中拿着击石机，在溪边找了五块石子，率领大队人马走出军营，杀向哥利亚。

大卫一接近哥利亚，立即大吼大叫地痛骂哥利亚，在精神上给哥利亚以痛击。随着一阵痛骂，正当哥利亚晕头转向之时，大卫立即拿起击石机，用机弦击出石子，

米开朗基罗《大卫》，1501～1504 年，大理石，高 410 厘米。

这是欧洲艺术史上人像雕塑中的杰作。用于雕塑的那块大理石，是一块别人雕过的残石，但米开朗基罗大胆利用，以巨大的毅力雕琢成了这个以色列的英雄。

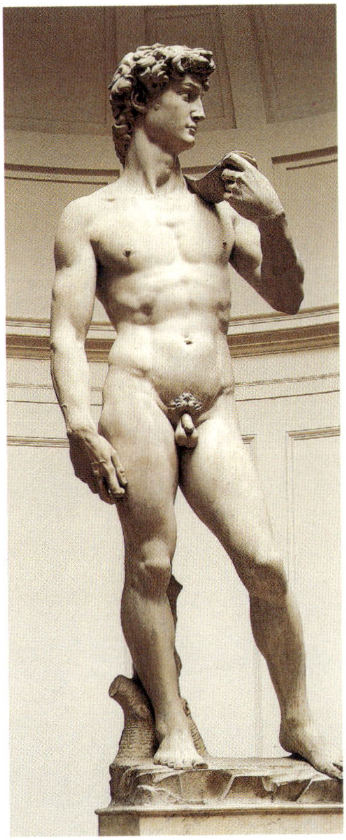

唐纳泰罗《大卫》，1430～1450 年，青铜，高 158 厘米。

大卫在位时推翻了非利士异族统治，统一了以色列，可说是一位相当杰出的国王，被誉为亚伯拉罕的第 14 代后裔，是重要的传奇人物。

米开朗基罗《胜利都》，1527～1534 年，大理石，高 260 厘米。

大卫拿起击石机，用机弦击出石子，打中哥利亚的头，并拔出利刃割下了哥利亚的头。很多表现大卫的雕塑，都在大卫像的脚边放上一个巨大的人头。

打中哥利亚的头，哥利亚被石子击中，当场昏倒，大卫立刻扑上前，拔出利刃割下了哥利亚的头。所以，很多表现大卫的雕塑都在大卫像的脚边放着一个巨大的人头。

接着，扫罗军队在大卫的胜利鼓舞下气势大振，一举击败了非利士人。

从此，年轻的大卫一跃而为举国闻名的英雄。大卫的形象，在很多方面很像希腊神话中的阿波罗，他年轻、聪明、勇敢、多才多艺。大卫也是著名的音乐家、诗人，他的琴艺能治疗扫罗的疯癫病。相传《旧约》中的《诗篇》第一卷就是他作的诗。

大卫的故事，常在宗教艺术中出现。最常见的两座大卫雕塑，一座是唐纳泰罗的青铜雕塑《大卫》，一座是米开朗基罗的大理石雕塑《大卫》。

米开朗基罗的《大卫》，是欧洲艺术史上人像雕塑中的杰作。米开朗基罗雕塑大卫的那块大理石高达 5.5 米，是一块别人雕过的残石，谁也不敢再用，但米开朗基罗大胆利用，以巨大的毅力雕琢成了这个以色列的英雄。

Saul

发疯的扫罗王

到底要不要杀了大卫，扫罗王内心矛盾交战。

扫罗是便雅悯族基士的儿子，他的妻子名叫亚希暖。在扫罗成长的那个年代，以色列没有好的领导者来治理，导致国势日渐衰败。这时，非利士人前来侵略，年轻的扫罗就召集便雅悯族的有志之士，奋勇反抗非利士人的统治，扫罗的英雄行为被以色列人民敬仰，于是扫罗便掌握了以色列的政权。

有一天，扫罗父亲的一头驴子不见了，便叫扫罗去找，但扫罗到处都找不到。有人劝他到米斯巴城去问先知撒母耳。这时的撒母耳也正准备去找扫罗，因为撒母耳接到耶和华的指示，要为勇敢的扫罗做弥撒，封他为以色列的第一个王，同时，耶和华还命令撒母耳转告扫罗，让扫罗领导以色列全民去攻打亚玛力人，并且杀死全部的亚玛力人和牲口。

扫罗听撒母耳这么说，也就顾不得找驴子，立即兴兵攻打亚玛力人。扫罗虽然打败了亚玛力人，但并没有全部执行耶和华的命令，他扣留了亚玛力人的牲口，而且放走了亚玛力王，这就为以色列人留下了祸患，也违反了耶和华的意志。

扫罗的这个行为受到了撒母耳的谴责，耶和华也抛弃了扫罗，并命令恶魔钻入扫罗的躯体。从此，扫罗就得了疯病，

伦勃朗《大卫在扫罗面前演奏竖琴》，约1658年，画布、油彩。

扫罗国王只有在听大卫的琴声时，疯病才得以缓解，但他心里又想害死这个日后要顶替他为以色列王的青年。所以，在大卫操琴时，扫罗总是内心交战得十分激烈。

被折磨得求生不得、求死不能，非常痛苦。

耶和华抛弃扫罗之后，就看中了年轻的大卫，这预示大卫日后将成为以色列的国王。

大卫年轻且才华洋溢，弹得一手好琴，远近的人都知道大卫的琴声能治病。扫罗得知后，就请大卫来弹琴，只有在听到大卫的琴声时，扫罗的疯病才得以暂时缓解。但扫罗也知道耶和华已经看上了大卫，于是他又想害死这个日后将要顶替他成为以色列王的青年。

这时，扫罗陷入了两难之中：若是杀死大卫，自己必死于疯病，但如果不杀死大卫，自己又必然会死于大卫之手，以至于在大卫为他弹琴时，扫罗总是矛盾重重，内心激烈交战。在伦勃朗创作的《大卫在扫罗面前演奏竖琴》中，那个持矛倚着门帘而站的扫罗，正在偷偷地擦眼泪，表现了他复杂矛盾的心理。但其实扫罗生性凶残，他还是以暗枪刺向了这个能为他治病的大卫，只是没有刺中。后来，扫罗在一次与非利士作战时失利，于基利波自杀身亡。

伦勃朗《大卫和押沙龙和好》，1642年，画布、油彩。

押沙龙为妹妹报仇，杀死了哥哥暗嫩。他们的父亲大卫国王不明真相，要抓押沙龙抵罪，于是押沙龙逃往基述。父子两人三年后才和好。

表现大卫与扫罗的作品中，伦勃朗还有一幅称为《大卫和押沙龙和好》的作品，不过俄罗斯艾尔米塔什博物馆将画名改为《大卫与约拿单告别》。同一幅作品有两个不同的画名，述说的是两个不同的故事内容，而这两个不同的故事却又能统一在一幅作品中，很值得推敲。兹将两个故事简述如下。

押沙龙是大卫的第三个儿子。押沙龙的哥哥暗嫩是个十足的坏蛋，他奸污了妹妹他玛，并把她赶走。押沙龙为妹妹报仇，杀死了暗嫩。大卫王不明真相，要抓押沙龙来抵罪，于是押沙龙逃往基述。当大卫王明白真相后，日夜思念押沙龙。3 年后，押沙龙终于回来，与大卫王和好，原题《大卫和押沙龙和好》就是根据这个故事而来的。后来，押沙龙背叛大卫，被大卫的亲信约押刺死。此画后来被改为《大卫与约拿单告别》，就是从押沙龙背叛大卫的这个内容出发的，因为这说明了押沙龙是以色列的敌人，大卫不可能与他和好。

约拿单是扫罗的儿子。大卫杀死哥利亚，得到民心，但扫罗企图谋害大卫。约拿单报信给大卫，要他逃走。因此将画名改成《大卫与约拿单告别》，被认为就是在描写这件事。

Bathsheba

所罗门王的母亲拔示巴

大卫王觊觎她的美貌，让她的丈夫因她的美丽而死。

这也是一个与大卫王有关的故事。

有一天傍晚，大卫王在宫殿的楼顶上看见一位在河畔洗澡的美丽妇女。他回到宫殿之后就立即派人去打听这个美人到底是谁。部下回来说，这个美女是大卫王手下的名将乌利亚的妻子拔示巴。

大卫王一听说是乌利亚的妻子，便动了邪念，那时正巧是乌利亚在战场上与非

伦勃朗《沐浴的拔示巴》，约1654年，画布、油彩。

大卫王派人送信请拔示巴入宫，伦勃朗的这幅名作就是描写拔示巴接到信后，正在沐浴洁身，准备进宫。拔示巴到了宫里，竟被大卫王霸占，她的丈夫则被派往战争最危险的地方。

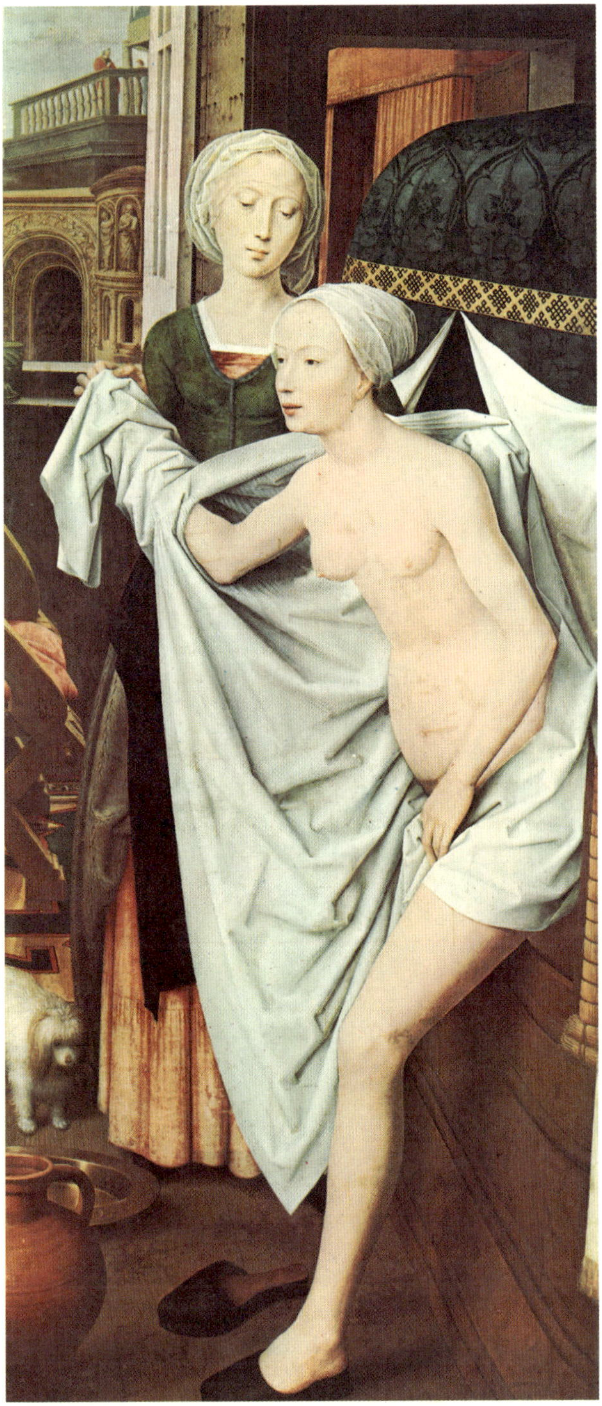

梅姆林《拔示巴沐浴》，年代不详，木板、油彩，192 厘米 ×85 厘米。

沐浴后的拔示巴正跨出浴池，准备去赴大卫王的邀约。画面细致地描绘了浴室中的场景，包括华丽的室内景、金属的器皿、宠物犬，以及侍奉拔示巴沐浴后穿衣的女仆。

利士人作战的时期。大卫王立即派人送信去邀请拔示巴到皇宫来。拔示巴到了皇宫，竟然就被大卫霸占，而且怀了孕。为了要永远占有拔示巴，大卫王秘密指示亲信约押，要他设法将乌利亚派往战争最危险的地方，并断绝给予他任何援助，让他死于战场上。

为了杀敌救国，忠心耿耿的乌利亚，最后死在大卫王的阴谋诡计下，大卫王终于如愿以偿，与拔示巴结了婚。但这件事情却让耶和华大怒，大卫王的儿子也因此得重病而亡。

从这件事看来，大卫王的确是一个卑鄙的小人，难怪伦勃朗在《大卫在扫罗面前弹竖琴》那幅画中，将大卫王画得既丑陋又猥琐。《沐浴的拔示巴》是伦勃朗的一幅名作，描写拔示巴接到大卫王的邀请信后，沐浴洁身，准备去皇宫。15世纪的尼德兰佛兰德斯画家梅姆林也画过一幅《拔示巴沐浴》的作品，画面中沐浴后的拔示巴正跨出浴池，准备去赴大卫王的邀约。这幅画细致地描绘了浴室中的场景。华丽的室内景、金属的器皿、宠物犬，以及侍奉拔示巴沐浴后穿衣的女仆，无不是在刻画拔示巴的美丽与尊贵的身份。

鲁本斯也以此为题材，画了一幅著名的油画《拔示巴收到大卫的信》。

拔示巴的故事，让人们对大卫王产生了不好的印象，但为什么《旧约》中却没有抹掉这则故事呢？原来是因为拔示巴当了大卫王的妾之后，生了《旧约》中著名的人物——所罗门的缘故。

Solomon

所罗门王

所罗门王被誉为是才智出众、胜过天下诸王的智者。

所罗门是大卫王和拔示巴的儿子，后来继承王位成为以色列的国王。

根据历史记载，所罗门在位期间，加重人民的苛捐杂税，大兴土木，建筑宫殿、寺院，过着极度挥霍的奢侈生活，导致人民奋起反抗，终于把大卫王统一的以色列

克洛德·维尼翁《所罗门前的萨巴女王》，1624 年，画布、油彩，80 厘米 ×119 厘米。

萨巴女王可说是美貌与诱惑的化身，为了探寻人生的答案，她前去找所罗门王，两人相谈甚欢。她相当景仰智慧渊博的所罗门王，于公元前 950 年成为所罗门王的后妃。

普桑《所罗门的审判》，1649 年，画布、油彩，101 厘米 ×150 厘米。
所罗门听了两位母亲的申诉，立即做出“干脆把这个孩子对半劈开，一人一半”的判决。孩子的亲生母亲苦苦哀求所罗门，说宁愿把孩子送给对方。

弄得四分五裂。

《旧约》中记载，所罗门尚未出生之前，就已经是耶和华的继子，并被赐予高度的智慧。后来因为所罗门兴建崇拜异教偶像的庙宇，曾一度被耶和华遗弃。所罗门一直被誉为是才智出众、胜过天下诸王的智者。相传，他创作箴言 3000 条，诗 1005 首，这 1005 首诗被称为“雅歌”，保存在《旧约》中，是古希伯来最负盛名的抒情诗。

关于所罗门，有一段脍炙人口的故事，是所罗门对两个妇女争夺孩子的审判。

有两个刚生了孩子的妇女，同住一室。有一天夜里，妇人甲在睡觉时不慎压死了自己的孩子，她趁着妇人乙熟睡时，偷偷将自己已经死去的孩子与那个妇人的孩子调换。第二天早晨，妇人乙起来喂奶时，发现孩子已经死亡，再仔细一看，才知道这不是自己的孩子，而妇人甲抱的孩子才是她的亲生骨肉，但妇人甲不承认这件事，她们的争论一直闹到所罗门王那里。

所罗门听了她们的申诉，立即做出“干脆把这个孩子对半劈开，一人一半”的判决。这时，妇人甲并没有因为这个惊人的判决而显露出丝毫的恐惧或悲伤，但这孩子的亲生母亲妇人乙却赶忙扑到孩子的身旁，挡住刽子手的屠刀，并苦苦哀求所罗门，说宁愿把孩子送给妇人甲，也不愿自己的孩子白白死于刀下。

这时，所罗门突然下令刽子手放下孩子，并把孩子交给那位吓得面如土色的母亲。这是展现所罗门聪明判决的一个故事，一直被人们传颂，画家也屡屡描绘这个场景。

法国画家普桑以此故事画过题为《所罗门的审判》的作品。在普桑的作品中，可以看到两位妇人为了争夺孩子，神情各异，尤其是孩子的亲生母亲听到所罗门的判决后，惊慌失措。而法国画家克洛德·维尼翁的画作《所罗门前的萨巴女王》，则描绘了萨巴出众的美貌。

Samson

大力士参孙

头发的秘密是关乎他生死的关键。

参孙是一个被耶和华宠爱而后又被遗弃的悲剧人物，是以色列琐拉人玛诺亚的儿子。

长大之后的参孙，很受耶和华的爱护，成了一个大力士。他与父亲一起去相亲时，在亭拿山遇到一头狮子挡住去路，他赤手空拳将狮子打死了，就像打死一只小羊那么轻而易举。他能有如此大的力气，并非来自他健壮的肌肉，或是高大的身材，而是来自他的头发。

曼特尼亚《大利拉暗害参孙》，1500 年，木板、蛋彩，47 厘米 ×37 厘米。

参孙力大无比，得益于他一头乌黑的长发。耶和华有约在先，如果参孙将头发剃掉，就会失去力气，遭遇不幸。

原来，参孙生得一头乌黑的长发，从出生开始就未曾剃过。因为耶和华有约在先，若是参孙将头发剃掉，就会失去力气并遭遇不幸。所以，参孙的头发长得不可计量，而他的头发越多，力气就越大。

正当参孙年轻力壮的时候，以色列人受着非利士族的奴役，人民生活在水深火热之中，不敢有丝毫的反抗，而大力士参孙却竭力反抗非利士人的统治。

有一年秋季，参孙抓了 30 只狐狸，将狐狸一对一对地捆起来，并在尾巴上绑上火把，点燃之后，把 15 对狐狸全

伦勃朗《大利拉暗害参孙》，1636 年，画布、油彩，236 厘米 ×302 厘米。

大利拉收受贿赂，套出丈夫参孙力气强大的秘密。一天晚上，大利拉将参孙灌醉，剃掉他的头发使他失去力量。参孙因此落入非利士王的手里，双眼惨遭挖除，并被关在地牢之中。

凡·戴克《大利拉陷害参孙》，约 1628 年，画布、油彩，146 厘米 ×254 厘米。

参孙在被非利士的士兵捉住之后，发现原来自己是被妻子陷害，眼里流露出巨大的惊骇与失望。

部赶入非利士人正在收割的田里。结果大火弥漫，烧光了非利士人的粮食，让他们蒙受极为严重的损失。参孙还用其他一些稀奇古怪的方法，弄得非利士侵略者坐立难安。因此，非利士王总想谋杀这个以色列的民族英雄。奈何参孙力大无比，非利士王只能处心积虑地用计谋害他。

后来，参孙娶了非利士妓女大利拉为妻，但大利拉收了非利士王1100舍客勒的贿赂，答应弄清楚参孙力气强大的原因。参孙在大利拉的百般引诱下，终于说出了头发的秘密。一天晚上，大利拉将参孙灌醉，并剃掉了他的头发，等到非利士的士兵来抓参孙时，由于参孙失去了头发，也就失去了力量，终于被擒。非利士王捉住了参孙，横施酷刑，且挖掉了他的眼睛，将他关在地牢里。

有一次，非利士的首领们聚会，庆祝逮住参孙这件事。他们把参孙从地牢里拉出来，瞎了眼的参孙靠在非利士宫的柱子旁，受尽了非利士人的侮辱。可是，非利士人也真愚蠢，因为时间已使参孙的头发又长了出来，因此他恢复了巨大的臂力。在受尽侮辱、忍无可忍的情况下，参孙抱住了两根大柱子，左右一摇，房子轰然倒塌，3000多个非利士人和参孙同归于尽。

参孙比扫罗、大卫都要早出生，是属于早期以色列民族中的领袖人物。在欧洲文学艺术中，参孙的形象很受重视，可与希腊神话中的大力士赫拉克勒斯相提并论。文艺复兴时期的意大利画家曼特尼亚的《大利拉暗害参孙》和伦勃朗的同名油画，都是在描绘这位英雄受难的故事。曼特尼亚以严谨的笔触描绘参孙被妻子背叛、剪去头发的瞬间，喝醉的参孙全身无力地躺坐在地上，四肢垂落，象征他的力气耗尽。伦勃朗则描绘了参孙被非利士的士兵捉住、无力挣扎的情景，画面中充满巴洛克时期明快奔放、肆意挥洒的风格。

凡·戴克的《大利拉陷害参孙》则更加传神地表达出参孙的情感。参孙在被非利士的士兵捉住、无力反抗挣扎的时候，发现原来自己是被妻子陷害，眼里流露出巨大的惊骇与失望。整幅画作充满了戏剧张力。

Judith
女中豪杰朱提斯

以坚毅的爱国心，手刃巴比伦大将的人头。

朱提斯是《旧约》中以色列著名的民族女英雄。

相传，巴比伦王尼布甲尼撒大举进攻以色列时，他的手下有一位叫荷洛芬尼斯的名将，是个力大无比的哥利亚大力士。荷洛芬尼斯绝对是以色列军队的劲敌，只要他一出现，以色列士兵就闻风丧胆、退缩畏战，导致以色列军队节节败退。以色列面临着亡国的巨大危机。

波提切利《朱提斯》，约1472年，木板、蛋彩，31厘米×24厘米。

寡妇朱提斯凭着一腔爱国心，身藏利刃，与一名贴身的女仆一起混入荷洛芬尼斯的房间，趁他酒醉熟睡时，勇敢地割下了他的头。

这时候，有个名叫朱提斯的女人出现了。她是个寡妇，因爱国心的驱使，于是身藏一把利刃，与一名贴身的女仆一起，混入荷洛芬尼斯的寝室。趁着荷洛芬尼斯酒醉熟睡时，朱提斯勇敢地割下了他的头颅。巴比伦军队顿失将领，最后战败而归。

朱提斯拯救濒临危急的以色列民族的事迹，自意大利文艺复兴时期以来，一直被广为传颂，也被许多画家们所描绘。米开朗基罗在西斯廷教堂的穹顶画《创世纪》中，就以显著的位置描绘了朱提斯的光

克里姆特《朱提斯》Ⅰ，1901年，画布、油彩，84厘米×42厘米。

画面上传达出魅惑气息，右下角那个隐藏在黑影中的人头，说明了朱提斯的英雄事迹，但这整幅作品充满金光闪闪的色彩，无疑更像是一幅时装模特儿的肖像画。

荣事迹。意大利画家波提切利，也曾经以这个题材画过几作品，其中有一幅画着手持利刃的朱提斯和弯腰行走的女仆，女仆的头上还顶着刚刚被杀死的荷洛芬尼斯的头颅。

朱提斯的事迹具有相当神秘的性质，因而诠释她的作品也风貌各异。维也纳分离派画家克里姆特，在多次构图之后，画了两种不同版本的《朱提斯》，一幅强调行动的诡秘，另一幅则以极尽豪华的色彩为朱提斯妆点造型。从画面上，我们可以感受到人物传达出的魅惑气息，右下角那个隐藏在黑影中的人头，说明了朱提斯的英雄事迹，但这整幅作品充满金光闪闪的色彩，无疑更像是一幅时装模特儿的肖像画。克里姆特为宗教题材的绘画装饰提供了一个纯粹异教的典范。

朱提斯是《经外书》中的重要人物之一，她的事迹与《旧约》中叙述的以色列民族兴亡史息息相关。

克里姆特《朱提斯》II，1909 年，画布、油彩，178 厘米 ×46 厘米。
这幅作品比起第一幅《朱提斯》多了一股邪魅爆裂的情绪。画面中，朱提斯身上穿着半裸的华丽衣服，脸上带着冷绝的表情，而痉挛纠结、用力勾缠住受害者头发的双手，却透露着死亡面前隐伏的情欲。

Susanna

沐浴中的苏珊娜

无妄遭到猥琐老头的诬告，终获先知但以理的解救。

《经外书》中的宗教题材画，除了“朱提斯”之外，重要的人物还有“苏珊娜”。苏珊娜是希尔金的女儿、巴比伦巨富约基姆的妻子。苏珊娜善良贤淑，对丈夫忠贞不渝。有一次，她在自家花园的水池里沐浴，被两个心存不轨的猥琐老头窥见了，这两个老头企图玷污她，但苏珊娜坚决不从。

不料，这两个坏人既怀恨苏珊娜，又害怕她会到丈夫约基姆面前去揭露他们的恶行，于是决定恶人先告状，竟在约基姆面前诬告苏珊娜不贞。这件事情最后闹到了长老那里，即使苏珊娜矢口否认，但她最终还是被判处了死刑。后来，先知但以理为苏珊娜申冤，真相才得以大白，那两个坏人也被判处了烙刑。

从此，坚贞的苏珊娜成为希伯来神话中著名的女子。丁托列托、提香、鲁本斯和伦勃朗等画家，均曾以此为题材创作过许多精彩的作品。

丁托列托《浴中的苏珊娜》，画布、油彩，167 厘米 × 238 厘米。

表现苏珊娜的画作，其特点是在画上总有两个鬼鬼祟祟、探头探脑的老人。苏珊娜的故事，可以说是圣徒或忠贞不屈的女性受神护佑系列故事的开始。

丁托列托《苏珊娜出浴》，约1560年，画布、油彩，147厘米×194厘米。

有一次，苏珊娜在自家花园水池里沐浴洁身，被两个心存不轨的老头看见，这两个老头企图玷污她，但苏珊娜坚决不从。

凡·戴克《苏珊娜出浴》，1620~1622年，画布、油彩，194厘米×145厘米。

偷看苏珊娜洗澡的两个老人，害怕她到丈夫面前揭露他们的丑事，反而恶人先告状，向她的丈夫诬告苏珊娜不贞，苏珊娜因此被判死刑。

描述苏珊娜故事的画作，其特点就是在画面上总是会有两个鬼鬼祟祟、探头探脑的猥琐老头，而苏珊娜则永远都是貌美如花、半裸着身体。丁托列托和凡·戴克创作的《苏珊娜出浴》就是两个典型的例子。丁托列托还画了《浴中的苏珊娜》，即使这幅画的构图不同，但画面中的人物元素没有改变。

Blessed Virgin Mary

圣母玛利亚

信鸽、百合花伴随天使，捎来怀孕生子的消息。

在加利利的拿撒勒有一个名叫玛利亚的女人，她是约亚金和西拿的女儿。玛利亚的父母在她 3 岁时，就将她献给圣殿，侍奉耶和华。她在圣殿里住到 12 岁时，被她的母亲带回家，许配给了约瑟，成为大卫王的后代木匠约瑟的未婚妻。有一天晚上，耶和华派遣天使加百列来到玛利亚的家，告诉玛利亚将要怀孕生子的事，并且要她为这个孩子取名为耶稣。玛利亚听了加百列的话，感到十分惊讶，慌忙声明，她现在尚未结婚，怎么可能生孩子呢？天使就对她说，这是耶和华的意志，没有做不到的。后来，玛利亚就在伯利恒生下了耶稣。

这段充满离奇色彩的神话，是耶稣出生的预告，也是宗教画的重要题材。

所有的教堂都装饰有关于《圣告图》的画作，几乎所有的欧洲古典画家都画过这个题材。这些作品的画面上，大都是玛利亚正在倾听带翼天使加百列说话的室内景。有的画作上，还可看到加百列手中拿着一朵象征圣洁的百合花。

从中世纪到文艺复兴时期的著名画家，包括杜乔、西蒙・马尔蒂尼、安吉利科修士、利皮、达・芬奇、格吕内瓦尔德、格列柯、鲁本斯等都创作有相关的作品。收藏于普拉多美术馆的提埃坡罗的《圣告图》，充满表现力和圣洁的光芒：玛利亚以尊贵的姿态站立在画面中央，身边围绕着象征传递信息的鸽子、象征圣洁的百合花与报喜的天使。

但无论是祭坛画、木版画还是油画作品，圣母一贯披着蓝色的长袍，而加百列天使不是披着黄金色的长袍，就是披着红色的长袍，圣母站在画面的右边，加百列天使站在画面的左边。这是文艺复兴以前大部分《圣告图》的典型布局。但是到了格吕内瓦尔德、格列柯、鲁本斯这三位画家笔下，圣母却站在画面的左边，加百列天使站在画面的右边。格吕内瓦尔德和鲁本斯还是遵循常规，为圣母画上蓝色的长袍，为加百

西蒙·马尔蒂尼《圣告图》，1333 年，木板、胶彩，265 厘米 ×305 厘米。
玛利亚听到加百列天使说自己将要怀孕生子时，十分惊慌、不解。

列天使画上飞扬的红色长袍，与画面上方的天使与信鸽，形成一种从天而降的神圣感觉。但格列柯则彻底打破了所有的成规，创作了一幅特殊的祭坛画作品。

英国画家罗塞蒂的《圣告图》与伯恩·琼斯的《天使报喜》，也是根据这个故事创作的。罗塞蒂的画面中，加百列天使手上拿着百合花，玛利亚则凝重地倾听来自耶和华传达的意旨。而伯恩·琼斯的作品，则在坚持宗教信仰与唯美主义的绘画风格之中，取得了和谐。

在基督教神话中关于玛利亚的题材，还有《小玛利亚朝圣》《圣母戴冠》《玛利亚升天》等。

利皮《圣告图》，1457～1458年，木板、蛋彩，66厘米×151厘米。

加百列天使手持百合花，圣母与天使之间也装饰着一盆百合花，象征着玛丽亚的处女之身。

达·芬奇《圣告图》，1472～1478年，画布、油彩，98厘米×217厘米。

这幅画将受胎告知的场景移到了室外，加百列天使手持百合花在花团锦簇的花圃中现身。

格列柯《圣告图》，1567 年，木板、蛋彩，24 厘米 ×18 厘米。

格列柯彻底打破了所有的成规，创作了一幅特殊的祭坛画作品。

鲁本斯《圣告图》，1609～1610 年，画布、油彩，224 厘米 ×200 厘米。

这幅作品虽然没有百合花的映衬，但加百列天使飞扬的红色斗篷，与画面上方的天使与信鸽，形成一种从天而降的神圣感觉。

罗塞蒂《圣告图》，1849~1850年，画布、油彩，73厘米×42厘米。
《圣告图》这段充满离奇色彩的神话，是耶稣出生的预告，也是宗教画的首要题材。

牟利罗《圣母升天》
约1678年，画布、油彩，274厘米×190厘米。
在风和日丽的秋天，有一个美丽的女神，踏着一弯新月飘荡在天空上，实在是基督教神话中最美丽的一段插曲。

基督教成了世界性宗教组织后，分成很多教派，其中的老派天主教十分重视玛利亚，声称她既然是上帝的眷族、“神子”耶稣的母亲，理应得到“圣母”的称号，于是创立了圣母升天的神话，并将每年的8月15日定为圣母升天节。

在明媚的秋天，一位美丽的女神，在天空中踏着一弯新月而来，确实是基督教神话中最美丽的诗篇，画家们都乐于创作这个故事，所以《圣母升天》的杰作非常多。西班牙画家牟利罗于1678年为慈善医院创作的《圣母升天》，就是其中的杰作。至于拉斐尔的《圣母加冕》，则更是礼拜圣母最重要的题材。

The Birth of Jesus

耶稣降生

东方三博士的朝拜，让神圣家族熠熠生辉。

玛利亚怀孕，她的未婚夫约瑟就处于很尴尬的位置。但他是个有情有义的人，不打算对自己的未婚妻做出无礼的举动，只想暗暗地退掉婚约。约瑟正想这么做的时候，他在梦中得到神谕，命令他不可休妻，但也不能结婚。

数月之后，适逢罗马大帝奥古斯都下诏百姓要回原籍所在地报户口，进行人口调查，约瑟也与玛利亚一起回到老家伯利恒。刚到伯利恒的当天，他们还住在旅馆里，玛利亚的产期就到了。因为客店里没有产房，玛利亚只能在马厩里临时生产，她生下了一个儿子，就是耶稣。

当耶稣降生时，伯利恒上空出现了一颗奇亮的星星。在遥远的东方有3个博士，他们知道人类的真主已经降生，就携带礼物，跟随奇亮的星宿前往伯利恒，参拜这位刚刚出生的小耶稣。

波提切利的《基督降生》就是描绘耶稣在马厩里降生的实景，画面中充满奇幻的氛围，直接展现了基督降生的神秘性。关于“东方博士的朝拜”这个主题的画作非常多，意大利画家利皮、马萨其奥、梅姆林和提埃坡罗的《东方博士的朝拜》，及丢勒的《朝圣者来访》、苏巴朗的《牧羊人的朝拜》，将耶稣的诞生神圣化，充满圣洁的光辉。拉斐尔的《西斯廷圣母》，是描绘教皇西克斯特膜拜圣母与圣子的情景，这幅作品中的圣母，被公认是崇高美丽的圣母典型。又如德国画家霍尔班的《市长迈耶的圣母》，画的则是贵族正在礼拜圣母的场景，属于宗教性质的肖像画作品。

关于圣母与圣子的肖像式作品，多得不胜枚举。

宗教题材逐渐被画家忽视之后，就形成了欧洲绘画中常见的“母与子”的题材。其实这两者之间本来就没有什么区别，例如，英国雕塑家亨利·摩尔的《圣玛利亚与孩子》就是典型的代表作。

波提切利《基督降生》，约1501年，画布、蛋彩，108.5厘米×75厘米。

刚到伯利恒的当天，玛利亚的产期就到了。因为客店里没有产房，玛利亚只能临时在马厩里生产。她生了一个儿子，就是耶稣。

利皮《东方博士的朝拜》，1496 年，木板、油彩，258 厘米 ×243 厘米。

当耶稣降生时，伯利恒上空出现了一颗奇亮的星星。在遥远的东方有 3 个博士，他们知道人类的真主已降生，就携带礼物，去参拜刚刚出生的小耶稣。

马萨其奥《东方三博士的朝拜》，1426 年，木板、蛋彩，21 厘米 ×61 厘米。

在马厩前，圣母与耶稣接受来自东方的三位博士的朝拜，场面庄严又神圣。

丢勒《朝拜者来访》，1504 年，木板、油彩，100 厘米 ×114 厘米。

这幅作品对场景的描绘十分精细，画面中的朝圣者为耶稣献上珍贵的宝物。

亨利·摩尔《圣玛利亚与孩子》，1983～1984年，青铜，高244厘米。

宗教题材渐渐被画家忽视后，就形成了欧洲绘画中的常见题材：母与子。英国雕塑家亨利·摩尔的《圣玛利亚与孩子》，就了无“神”气了。

提埃坡罗《东方三博士的朝拜》，约1753年，画布、蛋彩，425厘米×211厘米。

这是一幅气势恢宏的作品，朝拜者跪在地上，将王冠放在耶稣的脚下，象征着对上帝之子的臣服。

King Herod

希律王

希律王下达男婴追杀令的紧急时候，神圣家族连夜逃往埃及。

当东方三博士跟随星宿去朝拜才降生的耶稣，途中经过耶路撒冷时，犹太王希律问他们要到何处去。他们回答说，是去伯利恒拜见刚刚出生的犹太真主。

希律王怕这位真主长大之后会来夺取他的王位，内心感到恐惧不安，于是他与大臣们商量之后，下令将伯利恒城与城郊之内 2 岁以下的男孩全部杀死，以绝后患。

正在危急关头，玛利亚的未婚夫约瑟在梦中得到了耶和华的指示，要他立即带领孩子和玛利亚一起逃出伯利恒，暂时去邻邦埃及避难。约瑟得梦后醒来，马上雇了一头毛驴，带着玛利亚和孩子，匆匆逃出伯利恒，才幸免于难。

他们刚刚逃出去，希律王的传令就到了伯利恒。屠杀婴孩的残酷暴行，使伯利恒所有的家庭陷入了悲惨的境地。而耶稣降生之后第一次受耶和华恩赐的故事，也成为画家们争相描绘的题材。故事大致包括希律王屠杀伯利恒的婴孩和耶稣一家逃到埃及避难两个情节。

闻名世界的巴黎圣母院，在北门入口处有一块浮雕，就是将希律王杀伯利恒婴

丁托列托《屠杀圣婴》，1583~1587 年，画布、油彩，422 厘米 ×546 厘米。

这幅画描绘了希律王下令虐杀 2 岁以下的男童时惨绝人寰的景象。

莱昂 · 科涅《虐杀幼儿》，1824 年，画布、油彩，262 厘米 ×235 厘米。
希律王下达男婴追杀令的危急关头，玛利亚的未婚夫约瑟在梦中得到了耶和华的指示，要他去埃及避难。

勃鲁盖尔《伯利恒婴儿的虐杀》，约 1564 年，木板、油彩，116 厘米 ×160 厘米。

希律王怕耶稣长大后夺他的王位，下令将伯利恒城 2 岁以下的男孩全部杀死，使伯利恒所有家庭都陷入悲惨的境地。

丁托列托《逃出埃及》，1583~1587 年，画布、油彩，422 厘米 ×580 厘米。

危急关头，约瑟在梦中得到了耶和华的指示，要他立即带领孩子和玛利亚一起逃出伯利恒，约瑟立刻雇了一头毛驴连夜出逃。

凡·戴克《逃往埃及途中的休息》，约1630年，画布、油彩，134厘米×115厘米。

在逃往埃及的这个主题上，大自然、约瑟、圣母与圣子，多半以保护者与被保护者的姿态，呈现在画布上。大树、灌木丛、天空是必要的元素，展示了宗教与宇宙之间的奥秘关系。

孩和耶稣避难埃及这两个情节巧妙地组合在一个画面里。此浮雕出自法国13世纪的石工之手，而另一幅题为《伯利恒婴儿的虐杀》（细部）乃出自勃鲁盖尔之手。丁托列托的《屠杀圣婴》，描绘了当时虐杀男童时惨绝人寰的景象。由于这则耶稣诞生的故事太过残酷，因此从文艺复兴以后就渐渐被冷落，几乎绝迹于画坛。倒是耶稣一家逃亡去埃及的情节经常可见，丁托列托的《逃往埃及》、凡·戴克的《逃往埃及途中的休息》都是其中的佳作。

John the Evangelist

门徒约翰

他在父母 90 岁时出生，长大后要为主工作，直到耶稣替天行道之时。

在基督教神话中，门徒约翰的故事非常多，例如《约翰为耶稣施洗》《莎乐美》，等等。本文讲述的是关于约翰诞生的故事。

犹太王希律在位时，约比雅班里有一个祭司，名叫撒迦利亚，他的妻子是亚伦的后代，叫作以利沙伯。因为年老无子，老夫妇俩常常为了这件事而苦恼，于是虔心祈求耶和华能够赐给他们一个孩子。

有一天，撒迦利亚在执掌祭祀事务时，天使加百列降临，对撒迦利亚说耶和华已经赐给他一个孩子，要他为孩子取名约翰，而长大之后的约翰要为主工作，直到耶稣长大替天行道之时。

这时，撒迦利亚已经 90 岁了，他的妻子也已经 90 岁。这种年龄能生孩子吗？实在是匪夷所思。撒迦利亚当然不会相信，他对加百列的

安吉利科修士《为施洗者约翰命名》，1433～1435 年，木板、蛋彩，26 厘米 ×24 厘米。

画面描绘撒迦利亚正在用笔记下天使加百列的指示，这时他已被加百列天使惩罚，无法开口说话。

丁托列托《施洗者约翰的诞生》，1550 年，画布、油彩。
祭司撒迦利亚对他的妻子会怀孕一事表示怀疑，加百列见他对耶和华的信仰不够坚定，就罚他在妻子怀孕期间变成哑巴。画面右边那个向天祈祷的就是撒迦利亚，这时，他已经能讲话了。

话深表怀疑，加百列见他对耶和华的信仰不够坚定，所以罚他在妻子怀孕期内变成哑巴。

这事发生在玛利亚受圣胎之前的 6 个月。

约翰不算耶稣的门徒，但一直都在侍奉耶稣，直到被莎乐美杀死。约翰对整个基督教神话有很大的影响，在宗教画中是个非常重要的角色。安吉利科修士的《为施洗者约翰命名》，就是在描绘撒迦利亚正在用笔记下天使加百列的指示，这时的他因为对耶和华的信仰意志不够坚定，被加百列天使惩罚，无法开口说话。

意大利威尼斯画派的画家丁托列托，曾经创作过一幅十分豪华的油画《施洗者约翰的诞生》，描绘了以利沙伯生约翰的情景。画面右边那个向天祈祷的就是撒迦利亚，这时，他已经能讲话了。

Elizabeth

以利沙伯

玛利亚会见约翰的母亲。

当门徒约翰的母亲以利沙伯怀孕第6个月时，天使加百列又到玛利亚的家里去，通知玛利亚已受圣胎。玛利亚是处女之身，自然为突如其来的怪事感到迷惑不解，于是天使就告诉她，她那90岁的亲戚以利沙伯也即将生子，而且已经怀孕6个月了，这都是耶和华的意志，劝她不要心存怀疑。

天使飞走之后，玛利亚急忙赶到撒迦利亚家里去。玛利亚向以利沙伯请安，以利沙伯就被圣灵充满。从这一天起，玛利亚就住在以利沙伯的家里，直到与约瑟一起去伯利恒。

在以基督教神话为题材的画作中，两个怀孕的女子相互拥抱在一起的画面，就是表现这两个受耶和华眷顾的女人即将生下圣子和圣徒的主题。被欧洲艺术评论家誉为“近代人物画的先

乔托《玛利亚会见以利沙伯》，约1306年，壁画，150厘米×140厘米。

门徒约翰的母亲以利沙伯，在她怀了约翰后的第6个月，天使加百列又去通知玛利亚已受圣胎。以利沙伯向玛利亚祝福，玛利亚看来有些矜持和害羞。

驱和宗教画改革者”的乔托，创作过一幅《玛利亚会见以利沙伯》的画作，描绘老以利沙伯向玛利亚祝福的场景。这幅作品的风格，是他的创作典型。画面中玛利亚露着会心的微笑，似乎对自己的受孕过程难以启齿，所以她既害羞又矜持。另一幅为意大利画家阿尔贝蒂奈利画的《玛利亚会见以利沙伯》。这幅画可以看作是在处理这一题材方面的“标准”作品。

马里奥托·阿尔贝蒂奈利《玛利亚会见以利沙伯》，1503年，湿壁画，231厘米×132厘米。

St. John the Baptist

施洗者约翰

舀起约旦河圣水为耶稣施洗，天空突然明朗了，圣灵显现在天空中。

约翰长大之后，先于耶稣在世上传道，这是罗马大帝提比略十五年的事情。后来处死耶稣的彼拉多，这时还只是犹太的地方官员，处死约翰的希律这时是加利利的王。当时，耶稣尚未得道，约翰在约旦河一带的贫民区里，四处鼓动人们接受洗礼，笃信耶和华，从而免罪、进天堂。

有一天，约翰正在约旦河畔讲道，耶稣来了，他也要受约翰的洗礼。

约翰一见到耶稣，就知道这个人是真主，不敢为他施洗。但耶稣说，因为约翰先传耶和华的道，自己理应受他的洗礼。于是，约翰就为耶稣施洗。当约翰舀约旦河的圣水为耶稣施洗时，天空突然明朗了，有一个像鸽子形状的圣灵显现在天空中。

施洗完毕，约翰就自认是耶稣的随从，开始追随耶稣布道。约翰因此得了“施洗者约翰”的名号。从这时起，耶稣正式成为耶和华在世上的“代理人”，当时他只有30岁。

韦罗基奥《耶稣受洗》，1470～1474年，画板、蛋彩，177厘米×151厘米。

韦罗基奥是达·芬奇的老师，达·芬奇当时在他的工作室习艺，一般公认画面左角的两个天使是达·芬奇的真迹。

弗朗切斯卡《基督受洗》，1442～1445 年，画板、蛋彩，167 厘米 ×116 厘米。

这幅画描绘的是约翰为耶稣施洗礼时的情景。约翰舀约旦河的圣水为耶稣施洗时，天空突然明朗了，有一个像鸽子形状的圣灵显现在天空中。

罗丹《施洗者约翰》，1887年，青铜，高200厘米。

意大利画家安德烈·德尔·韦罗基奥创作过一幅《耶稣受洗》，是这个题材的著名作品。据美术史家瓦萨里记载，韦罗基奥画《耶稣受洗》时，大画家达·芬奇还在他的工作室里学习。他帮助老师完成了这幅作品，受到了韦罗基奥的赞扬。一般公认画面左角的两个天使是达·芬奇的真迹。受到美术史家瓦萨里的影响，意大利文艺复兴时期的重要画家弗朗切斯卡创作了《基督受洗》，描绘出约翰为耶稣施洗礼时的情景。而法国雕塑家罗丹的青铜雕塑《施洗者约翰》，着重于雕刻施洗者约翰苦行主义的艰辛一生，是这个题材中别具一格的作品。

Salome

莎乐美

以一支俗艳的七莎舞，交换约翰的头颅。

这是关于施洗者约翰死亡的故事。

在描绘圣约翰的故事中，最多的仍是关于莎乐美的故事。莎乐美原本是《圣经》福音书中一个不具名的少年公主。

希律王的弟弟腓力是以土利亚的国王，他的妻子希罗底离弃了他，与希律王结

马萨其奥《施洗者圣约翰被砍头》，1426 年，木板、蛋彩，21 厘米 ×30.5 厘米。

希律王为了履行对莎乐美的承诺，命令士兵砍下圣约翰的头颅。

利皮《希律王的宴席》，1452～1468 年，壁画。

普拉托大教堂的这幅壁画，描绘了侍女捧着圣约翰的头颅呈现给莎乐美的景象。

鲁本斯《希律王的宴席》，1633 年，画布、油彩。

莎乐美捧着圣约翰的头颅，来到希律王与希罗底面前。

斯托克《莎乐美》，1906年，画布、油彩，115.5厘米×92.5厘米。

希律王开生日宴会，表示只要莎乐美能当众跳一段舞，自己便会随她所愿，为她做一件事。跳完舞之后，莎乐美要求希律王杀死约翰。

了婚。其实，希罗底非常爱约翰，但约翰并不接受她的爱，并公开指责她道德败坏，希罗底因此怀恨在心，于是教唆希律王杀掉约翰以解心头之恨。希律王理智尚存，他畏惧施洗者约翰的声名与百姓对约翰的尊重，并没有杀死约翰，但触怒了希律王的约翰，依旧被关进了监狱中。

希罗底有一个名叫莎乐美的女儿，容貌美丽，才艺出众，是加利利著名的美女。

有一天，希律王在庆祝生日的宴会中，宴请了加利利的达官贵人前来同庆。助兴节目开始，希律王邀请莎乐美表演舞蹈，以娱来宾，但莎乐美不从。希律王便对莎乐美说："你的要求，我必答应。即使是我国土的一半，我也给你。"于是，莎乐美便当众表演了一支半裸着身体、俗艳挑逗、性意味浓厚的七莎舞。

跳完舞之后，莎乐美为报她母亲对约翰的私仇，要求希律王将约翰的头颅割下来送给她。希律王虽然内心百般纠结，但碍于自己的承诺，只好下令杀死约翰，并把他的头放在盘子里送给莎乐美。据说，莎乐美自己对约翰也表示过强烈的倾慕之情，但因为约翰是个圣徒，并没有接受这位美人的爱，以至于莎乐美虽然下令杀死了约翰，但精神上却十分痛苦。

约翰的死，一直被基督教徒们视为圣者殉道的典型。画家以此为题材创作的画很多，但表现方法几乎都是一个女人手中托着一个盘子，上面放着约翰的头。最著名的包括：象征派的古斯塔夫·莫罗的《纹身莎乐美》《莎乐美之舞》《莎乐美进入监狱》《施洗者约翰的头在显灵》，乔托、利皮、鲁本斯的《希律王的宴席》，以及比

莫罗《莎乐美之舞》，1876 年，画布、油彩，144 厘米 ×103.5 厘米。
在希律王的宴会中，莎乐美半裸着身体，跳着著名的“七莎舞”来娱乐宾客。

莫罗《施洗者约翰的头在显灵》，1874～1876 年，纸张、水彩，105 厘米 ×72 厘米。

这幅画突出地刻画了莎乐美表达出杀害约翰的愿望后的心情。幻觉中约翰的头在折磨着她的心，强烈的爱情和已经铸成的大错，几乎使她站立不住。

比亚兹莱《莎乐美》，1894 年，线刻版，22.5 厘米 × 16 厘米。

说起英国唯美主义作家王尔德的剧本《莎乐美》，就令人想起为此剧画了多幅粉彩插图的英国线描装饰画家比亚兹莱。

比亚兹莱《莎乐美的礼物》，1894 年，线刻版，22.5 厘米 ×16 厘米。

在这幅线刻版插画中，莎乐美露出狰狞的表情，表达出她内心邪恶得以满足的变态心理。

亚兹莱根据王尔德的剧本《莎乐美》创作的整本插画，都与施洗者约翰的故事有关。

莫罗的《施洗者约翰的头在显灵》突出地刻画了莎乐美在表达出杀害约翰的愿望之后的复杂心情，幻觉中约翰的头在折磨着她的心，强烈的爱情和已经铸成的大错，几乎使她站立不稳。其实“莎乐美”本来是一个宣传禁欲主义的典型故事，但却被莫罗设想为一出牺牲在禁欲主义思想毒害里的悲剧。而 19 世纪英国唯美主义作家王尔德的剧本《莎乐美》，不仅成就了为此剧画了多幅粉彩插图的英国线描装饰画家比亚兹莱，同时也是理查德 · 施特劳斯创作歌剧《莎乐美》的来源。

Marriage at Cana

迦那的婚礼

奇迹出现了，六缸清水瞬间变成甘醇的美酒。

耶稣在加利利参加迦那家的婚礼，这个充满着欢乐气氛的故事，一直被画家们乐此不疲地描绘着。我们可以从委罗内塞的《迦那家的婚宴》，领略故事的梗概。

耶稣受约翰的洗礼之后，开始传道，3 天内收了几个门徒，进展十分顺利。第 3 天，他兴奋地与母亲玛利亚以及门徒们，一起参加了迦那家的结婚典礼。

婚礼非常热闹，大家都为新婚夫妇举杯庆祝。当亲朋好友们的兴致正浓时，忽然，家丁来报告说酒已经喝完，这实在是太煞风景了。耶稣的母亲对耶稣说了这件事，耶稣为了祝贺迦那的婚礼，就同意设法弄点酒来，于是玛利亚就告诉迦那的仆人，叫他们听从耶稣的吩咐。

依照犹太人洁净礼的规矩，每家都会有六口水缸，每口水缸可以容纳三桶水。耶稣吩咐仆人将六口缸都盛满水。当仆人们将水缸注满水以后，耶稣就吩咐管宴席的侍从，将缸里的水舀出来送到宴席上。大家一尝，奇迹出现了，六缸水都已经变成了酒，而且是最甘醇的美酒。

这是耶稣一生中的第一个奇迹。

委罗内塞《迦那家的婚宴》，画布、油彩，167 厘米 ×238 厘米。

在迦那家的婚宴上，耶稣吩咐仆人将六口缸都盛满水，再将水舀出来送到宴席上。大家一尝，奇迹出现了，六缸水变成了美酒。

Mary Magdalene

抹大拉的玛利亚

耶稣赶走她身上的 7 个鬼，让她成为一个纯洁的妇女。

在被耶稣赦免的所有罪人中，抹大拉的玛利亚是最受到宽恕的一个妇女，后来甚至被视为女圣徒。这个故事在基督教神话中占有重要地位，在美术史上，抹大拉的玛利亚也是宗教画里的重要形象。

有一天，耶稣正在示利赛人西门家中做客。城里有个妓女决心弃恶从善。她带着盛满香膏的玉瓶来到西门家中，哭着请求耶稣赦免她过去的罪。当把耶稣的脚哭

里贝拉《忏悔中的抹大拉的玛利亚》，约 1643~1645 年，153 厘米 ×124 厘米。

画面中的抹大拉的玛利亚虽然衣衫褴褛，但依然手持经书，仰面看着天空，仿佛正在恳求得到上帝的救赎。

格列柯《抹大拉的玛利亚》，约 1577 年，画布、油彩。

她决心弃恶从善，哭着请求耶稣赦免她过去的罪，又用嘴巴连连吻着耶稣的脚，并抹上香膏，表达了对耶稣的尊敬之情和自己弃恶从善的决心。

里贝拉《祈祷中的抹大拉的玛利亚》，1641 年，128 厘米 ×149 厘米。

画中的抹大拉的玛利亚，是一个充满青春活力、体态丰满的少女，她在怀念已死的亲人耶稣。这已超越基督教神话中抹大拉的玛利亚的形象，不过更富有感情。

提香《忏悔的抹大拉的玛利亚》，1565 年，128 厘米 ×103 厘米。

瓦萨里在一篇评论中曾经提到这幅画："她仰起头，凝视天空，从通红的双眼和因犯罪而留下的痛心泪水中，显露出懊悔之情。"

湿后，她就用自己的头发替他擦干，又用嘴巴连连吻着耶稣的脚，并抹上香膏，表达了对耶稣的尊敬之情和自己弃恶从善的决心。

耶稣深受感动，终于赦免了她的罪，赶走了附在她身上的 7 个鬼，使她成了一个纯洁的妇女。从此，抹大拉的玛利亚一直侍奉耶稣。耶稣死的时候，她也在场，耶稣复活后又在她面前显现。耶稣曾说过，无论在什么地方传道，也要叙述抹大拉的玛利亚的事迹。实际上，抹大拉的玛利亚是耶稣一生中最亲爱的人，也是最富有情感的妇女。

表现抹大拉的玛利亚的画有一个特点，画中除了一个少女之外，还有一个死人的头盖骨。瓦萨里在一篇评论中曾经提到提香创作的《忏悔的抹大拉的玛利亚》这幅画，他说："她仰起头来，凝视天空，从通红的双眼和因犯罪而留下的痛心泪水中，显露出懊悔之情。"

埃斯皮诺萨《玛达莱纳的圣餐》，1665 年，画布、油彩，315 厘米 ×226 厘米。

这是一幅场景较大的作品，极富宗教氛围。

里贝拉也创作过多幅有关抹大拉的玛利亚的画作，包括《祈祷中的抹大拉的玛利亚》《忏悔中的抹大拉的玛利亚》等。画中的抹大拉的玛利亚，是一个充满青春活力、体态丰满的少女，她正在怀念已死的亲人耶稣，这样的表现方式已经超越了基督教神话中的抹大拉的玛利亚的形象，但却更加富有感情。另一幅画中的抹大拉的玛利亚则衣衫褴褛，手持经书，仰面看着天空，仿佛正在恳求得到上帝的救赎，她膝盖上还放着一个死人的头盖骨。

纯宗教性的画作可以从西班牙宗教画家埃尔·格列柯的《抹大拉的玛利亚》中窥知一二，画中的抹大拉的玛利亚，是个面无血色而干枯的妇女，正在向主祈祷，而委罗内塞创作的《抹大拉的玛利亚在西门家为耶稣洗脚》，是关于这个题材的场景较大的作品。至于埃斯皮诺萨的《玛达莱纳的圣餐》，则更富有典型的宗教氛围。

The Woman taken in Adultery

犯下私通罪的妇女

谁没犯过罪，就可以拿石头砸她。

有一天，耶稣在圣殿里传道时，一帮文士和法利赛人带着一个犯了私通罪的妇女，来到耶稣面前。他们吵吵嚷嚷地对耶稣说："根据摩西的律法，这个妇女应当被众人用乱石砸死。"耶稣看了一眼这个妇女，产生了怜悯之心，根本不回答这些法利赛人的问话，只管在地上写字。法利赛人还是忍不住地逼问耶稣，就在这个时候，有人要动手打那名妇女。

这时，耶稣立即站起来对大家说：

"你们中间谁没有犯过罪，谁就可以拿石头砸她。"

听到这句话，那些气势汹汹的文士和法利赛人，都偷偷地溜走了。因为他们全都犯过各式各样的罪过。最后，殿堂里只剩下耶稣和那名妇女。耶稣就亲切地对她说："我不定你的罪，你回去吧！"

这个故事，和抹大拉的玛利亚弃恶从善的故事一样，是耶稣劝人改恶从善的典型事例。

人文主义画家们常以这个题材，来展现耶稣宽大为怀的气度。这在反对经院哲学禁欲主义思想的文艺复兴时期，具有其社会意义。伦勃朗就根据这个内容画了一幅著名的油画《耶稣赦免罪妇》，画面中对于光线的明暗处理方式，是典型的伦勃朗风格，具有强烈的戏剧舞台效果，突显了耶稣的圣洁与宽大的胸襟，以及妇女的无助与彷徨。

伦勃朗《耶稣赦免罪妇》，1644 年，画板、油彩，84 厘米 ×65.5 厘米。
一帮文士和法利赛人带着一个犯了私通罪的妇女，对耶稣说："这个妇女应当被众人用乱石砸死。"耶稣站起来向大家说："你们中间谁没有犯过罪，谁就可以拿石头砸她。"

The Tax Collector

耶稣与罗马税吏

一个奸细与一场舌战，却寓意深远。

从社会学的观点来看，基督教在活动的初期，对统治者来说，总是带着不顺从的感觉。但不管这种不顺从是消极的，还是积极的，很快就被统治阶级拿来利用。耶稣本人一生的活动，在特定的条件下，一直都被描绘得颇有些反抗性。耶稣与罗马税吏的舌战，就是在经济上对当时的罗马殖民统治者进行反抗的一种表现。

耶稣传道的后期，对社会民心影响很大，引起了罗马帝国在东方的统治官署的不安。他们不断责难耶稣，诽谤他的名誉，并找借口想要逮捕他。有一天，耶稣在殿堂讲道，文士、法利赛、希律王的爪牙们前来捣乱，被耶稣用隐喻讽刺得哑口无言，他们当中有些人恼羞成怒，想捉拿耶稣，但又怕与会的百姓群起反对。

于是，他们就派出一个奸细装作好人，企图在耶稣的话上套出把柄，好将他逮捕。于是这个奸细就问耶稣：

“我知道你讲的都是正道，也从不以貌取人。那你说说看，我们纳税给恺撒，可不可以？”

耶稣看出了奸细的诡计，就对他说：

“你为什么要这样试探我呢？拿钱币来，看看这钱币上的像和符号是谁的。”

奸细回答说是恺撒的。耶稣就回答他道：

提香《耶稣与税吏》，约1516年，画板、油彩，75厘米×56厘米。

这个奸细问耶稣：“我知道你讲的都是正道，也不以貌取人。那你说说看，我们纳税给恺撒，可不可以？”

“恺撒的物当归恺撒，上帝的物当归上帝。”

当着众百姓的面，法利赛们在这话语上抓不到耶稣的把柄，只得闭嘴。接着，耶稣就预言了他死后复活的事情。

这个隐喻的寓意很深。耶稣代表当时以色列的贫苦人民，划清了与罗马当局的经济关系。如果耶稣当时说出了相反的话，这就意味着耶稣怂恿以色列人用恺撒的钱，去献给恺撒所反对的耶和华，这样一来，耶稣就会被逮捕。

关于“耶稣与税吏”的故事，那些具有民主色彩的画家们非常乐于描绘。提香有一幅《耶稣与税吏》的著名油画，是文艺复兴时期肖像画中的杰作。画中正反两个人物的形象，一正、一邪，从面貌上就可以清楚辨认。

Witness the miracle

见证耶稣的奇迹

睚鲁的女儿不是死了，是睡着了。打开裹尸布，拉撒路死而复活。

耶稣治病救人的故事，在《圣经》中不胜枚举。其中，耶稣救活睚鲁的女儿，以及关于拉撒路的传说，都是著名的故事。

牟利罗《医治瘫痪者》，1673～1675 年，画布、油彩，237 厘米 ×261 厘米。

画家对瘫痪者的脸部表情描绘得十分传神。身体的病痛和对耶稣的深切期待与信心，全都展现在痛苦的脸上。

列宾《耶稣救活睚鲁的女儿》，1871 年，画布、油彩，229 厘米 ×382 厘米。
耶稣安慰睚鲁的妻子说，这孩子不是死了，而是睡着了。说着，耶稣拉着女孩的手，对她说："大利大古米。"（意谓：女儿，你起来吧。）这个女孩竟渐渐苏醒，还嚷嚷着肚子饿。

有一次，耶稣和门徒彼得、雅各、约翰一起到低加波利传道。有一个管会堂的人，名叫睚鲁，他来求见耶稣，请耶稣为快要死去的女儿治病。耶稣就和睚鲁回了家，很多人也都跟着想去看看究竟。走在路上，一个患了血漏病的妇女，只摸了摸耶稣的衣服，她的病就好了。耶稣治好了血漏病人，匆匆走到睚鲁家，那个女孩子躺在床上已经快要死了。大家都不相信耶稣能救活她。

耶稣不慌不忙地走到病床边，安慰睚鲁的妻子，叫她不要哭泣，说孩子不是死了，是睡着了。说着，耶稣拉起女孩的手，对她说："大利大古米。"（意思是：女儿，你起来吧。）奇怪的是，这个 20 岁的女孩竟渐渐苏醒了，并且嚷嚷着说："肚子饿，要吃饭。"

在欧洲一些艺术学院，按照传统，学生要依据基督教神话创作毕业作品。俄国画家列宾就选择了这个题材，创作了一幅《耶稣救活睚鲁的女儿》。对这个题材，列宾并没有刻意去渲染其神秘色彩，而是采取写实的描绘方式，既庄重又神圣。

海特亨·托特·桑特·扬斯《拉撒路的复活》，127 厘米 ×97 厘米，画板。

画面中间的人是耶稣，旁边掩鼻的人衬托出了坟场的恐怖气氛和奇迹应验的临场即景，跪在地上的是拉撒路的姐姐。

拉撒路是抹大拉的玛利亚的弟弟、耶稣的好朋友。他住在离耶路撒冷六里远的伯大尼村。有一天，抹大拉的玛利亚传信给耶稣，说她的弟弟病了。耶稣就安慰抹大拉的玛利亚说，这个病还不至于死亡。等到耶稣从犹太赶到伯大尼，抹大拉的玛利亚却哭着告诉耶稣，拉撒路在四天前就死了，但耶稣还是说拉撒路没有死。

他带着抹大拉的玛利亚，以及门徒和其他一些旁观者，走到了坟地。耶稣吩咐众人将棺木打开，只见拉撒路的尸体已经开始溃烂，并且发出奇臭的味道，但耶稣还是叫大家解开裹尸布。等一切准备好了以后，耶稣只说了一声："叫他走。"结果，拉撒路就爬出棺材走了。

耶稣令死人复活的奇迹，轰动了整个犹太，成千上万的人因拉撒路被救活而归顺了耶稣。

拉撒路死而复活，是耶稣一生中最后的一次奇迹。在早期基督题材画中有很重要的地位。尼德兰画家桑特·扬斯创作过一幅《拉撒路的复活》，场景处理得十分逼真。画面中间的人是耶稣，跪在地上的是拉撒路的姐姐，旁边那个掩鼻的人则衬托出坟场的恐怖气氛和奇迹应验的临场即景。至于其他的旁观者与后面背景，都描绘得十分细致。

Entry into Jerusalem
耶稣进入耶路撒冷

一粒麦子如果落在地上，就会结出许多籽粒来。

耶稣救活拉撒路这件事，对整个犹太的震动太大，终于引起罗马统治者的惊慌。这是逾越节（耶和华助以色列人打败埃及的重要纪念日，每年从4月14日起为期7天）之前6天的事情。耶稣和门徒打算进入耶路撒冷过节，同时要把刚刚救活的拉撒路也一起带去。犹太人知道了耶稣的行踪，纷纷从四面八方云集到

夏尔·勒布伦《耶稣进入耶路撒冷》，约1689年，画布、油彩，153厘米×214厘米。
这幅作品将耶稣在进入耶路撒冷时受到民众夹道欢迎的场面，描绘得栩栩如生。

杜乔《耶稣进入耶路撒冷》，约 1308～1311 年，木板、蛋彩，100 厘米 ×574 厘米。

耶稣在欢迎他的人群集会上布道，讲了一句很有哲理的话："一粒麦子不落在地上，仍旧是一粒，若是落在地上，就会结出许多籽粒来。"

耶路撒冷。那天，耶稣骑着驴子向耶路撒冷出发。从伯大尼到耶路撒冷有六里路，来过节并想参见耶稣的人拿着棕树枝，夹道欢迎。耶稣在欢迎他的人群集会上传道，讲了一句很有哲理的话：

"一粒麦子不落在地上，仍旧是一粒，若是落在地上，就会结出许多籽粒。"

老百姓热烈欢迎耶稣进入耶路撒冷城的事情传到希律王那里，他就决心要害死耶稣，以除掉这个在人民中间已经有了很高威信的"神子"。

耶稣进入耶路撒冷城，是他一生中最高的荣耀。进入耶路撒冷这个题材，作为耶稣的光荣史迹，被早期宗教画家争相描绘。11 世纪，希腊达夫尼修道院有一幅《进入耶路撒冷》的镶嵌画。这幅作品在构图和人物造型方面，明显地存在着希腊东正教堂圣像绘画艺术的传统。14 世纪意大利画家杜乔的《耶稣进入耶路撒冷》和法国画家夏尔·勒布伦在大约 1689 年创作的《耶稣进入耶路撒冷》，都将耶稣在进入耶路撒冷时受到民众夹道欢迎的场面，描绘得栩栩如生。

Last Supper

最后的晚餐

你们中间有一个与我同吃的人，要出卖我。

在逾越节的前一天，有门徒问耶稣要到何处去欢度逾越节，耶稣就让两个门徒到城里去，并告诉他们走在路上时，一定会碰上一个拿着水瓶的女人，她的家就是过逾越节的地方。

这两个门徒走进城门之后，就遇到了那个拿着水瓶的妇女，于是两个门徒便向她说明了情况，她很高兴地欢迎耶稣和 12 位门徒在她家过节。

到了逾越节那天晚上，耶稣和 12 位门徒都来了。

宴席开始，大家正在吃饭时，耶稣突然站起来说：

“我实话告诉你们，你们中间有一个与我同吃的人要出卖我。”

当耶稣说完这句话之后，12 位门徒顿时骚动起来，有的表示悲哀，有的急着表明自己对耶稣的忠心，有的则问耶稣是不是自己会犯这样的错误，有的则在沉思默想，只有犹大一个人陷入了恐慌，生怕暴露自己是叛徒的真面目。

第二天早上，耶稣就被犹大出卖，被钉在十字架上。

“最后的晚餐”的故事，在《新约》的四部福音书中都有。在马太、马可、路加三书中，情节基本上是一致的。耶稣并没有指明是谁出卖了他，经过大家再三追问，耶稣才暗示出卖他的人，是门徒中“和我一同把手蘸在盘子里的那个人”。但在约翰福音中，耶稣却指明出卖者是“加略人西门的儿子犹大”。

据说，耶稣拿了一个饼给犹大吃，撒旦就进了他的心。但 11 位门徒还不知道是谁出卖了耶稣，因为当时犹大手里拿了卖主得来的 30 块钱，耶稣对他说了一句：“你要做的快些去做吧。”大家还以为耶稣是叫犹大再去买些酒和菜来。

最后的晚餐，在基督教神话中是最重要的故事，历来为画家们所描绘。在比较详细的西洋美术史上，足足可以列举出二十幅著名的《最后的晚餐》。这些作品都

杜乔《最后的晚餐》，创作年代不详。

画家以较高的视野来描绘 12 使徒围坐在长桌前一起吃晚餐的样貌，当耶稣说了有人将出卖他这句话之后，门徒们顿时骚动起来。

有一个共同的特点，就是把当时尚未暴露而伪装善良的犹大，处理在与其他门徒不同的地位，例如，把犹大单独处理在餐桌外侧、背对着观众、不画圣光等等。但是达·芬奇的《最后的晚餐》却一反先例，真正地体现了这个悲剧的内在含义。

达·芬奇通过对各个门徒的年龄、性格，以及在神话中的地位等精心研究，使各个门徒在同一个事件下产生了不同的反应。例如，左角的巴多罗买几乎要跳起来，瞪大了眼睛在询问究竟是谁要出卖耶稣。年轻的约翰（这个约翰是西庇太的儿子），按传统的处理方式，他应该伏在耶稣的身旁痛哭，但达·芬奇把约翰处理成与大家一起陷入这不堪想象的悲痛之中。

作为犯罪者的犹大，达·芬奇并没有在形式上把他处理在犯罪的位置上，而是

达 · 芬奇《最后的晚餐》，1495~1498 年，壁画，420 厘米 ×910 厘米。

依据“做贼心虚”的心理，对犹大做了深刻的揭露：在整个画面上，只有犹大一人没有卷入这场沉痛的漩涡。他的身体紧靠餐桌，由于吃惊而向后退缩，左手痉挛地握着卖主的钱，而左侧来的光线正好使犹大侧面向右的脸部处在阴暗之中，更显出犹大那阴险的面貌和神态。此画就其传神的深度来说，尤为精彩。

在达 · 芬奇的《最后的晚餐》中，12 位门徒从左到右依次是巴多罗买、亚勒菲之子雅各、安得烈、彼得、犹大、约翰、耶稣、托马斯、西庇太之子雅各、腓力、马太、达太、奋锐党人西门。

达 · 芬奇的这幅画，被装饰在米兰圣玛利亚 · 戴列 · 格拉契修道院的餐厅里，画面的透视与整个餐厅的空间是统一的，画面就等于餐厅的延伸，从而连成一个完整的空间。在餐厅内用餐的人，仿佛是真实存在的。从壁画应具备的特点（与被装饰的环境统一）来看，这幅画是寺院装饰画的典型作品之一。

达 · 芬奇的这幅巨幅壁画，在几百年的历史岁月中，几经磨难和空气污染，已逐渐剥落。20 世纪 70 年代末，意大利艺术当局斥资 800 万美元进行了长达 22 年的

丁托列托《最后的晚餐》，1592～1594 年，画板、油彩，365 厘米 ×568 厘米。

丁托列托的这一幅画，是以经书上所说的耶稣拿瓶给犹大的细节，来突出犹大叛主的事。

达利《最后的晚餐》，1955 年，画布、油彩，167 厘米 ×268 厘米。

超现实主义画家达利的《最后的晚餐》，看似与达 · 芬奇的构图有些雷同，但圣餐桌却被安置在现代结构的巨大玻璃幕墙前面，显得异常明亮。

修葺工程，如今，这幅画以崭新的面貌呈现在观众的面前，而此画在“整容”过程中的风风雨雨、点点滴滴，将在今后的艺术史论界继续延续，为《最后的晚餐》的研究增添新的课题。

意大利早期西埃那派画家杜绰和稍后佛罗伦萨画家卡斯塔尼奥的《最后的晚餐》，是在达・芬奇之前比较有代表性的作品。达・芬奇之后，则有丁托列托，他创作的《最后的晚餐》是以经书上所说的耶稣拿瓶给犹大的细节，来突出犹大叛主的事情。

1955 年，超现实主义画家达利则完成了截至目前的绘画界最后的《最后的晚餐》。这幅画看似与达・芬奇的构图有些雷同，但圣餐桌却被放置在现代化结构的巨大玻璃幕墙前面，显得明亮无比。这幅迥异于达・芬奇作品中略带忧郁氛围的新作，与当今教堂建筑的革新同步呈现，极具现代感。

Betrayal by Judas & Trial of Jesus

犹大卖主与耶稣受审

用一个毒吻换来一亩血田，且看背叛的下场。

抹大拉的玛利亚为感谢耶稣救活了她的弟弟拉撒路，买了一斤极为贵重的真哪哒香膏，抹在耶稣的脚上，为他洗尘并致上最虔诚的敬意。屋里充满香气，人人都赞扬抹大拉的玛利亚第二次向耶稣致敬的举动。唯独门徒犹大不太满意抹大拉的玛利亚的做法，他指责抹大拉的玛利亚为何不把买香膏的三十块钱拿去救济穷人。

其实，犹大并不挂念穷人，只是他想要金钱的恶念，时时刻刻让他的心去注意贵重的东西，他的眼睛里只看得到钱，根本就没有想过穷人。

这时，希律王已经派法利赛党徒去抓耶稣了。耶稣到耶路撒冷时，风声越来越紧，传道活动只好隐秘进行。法利赛们在制定捕捉耶稣的计划时，发现门徒犹大十分爱财，于是他们就把犹大找来，以三十块钱买通了他。

最后的晚餐结束后的第二天清晨，耶稣一如往常地到橄榄山客西马尼村去传道。哪知，橄榄山四周已经布满了前来捕捉耶稣的士兵。耶稣已经知道了犹大出卖自己的事情，非常悲伤，祷告时更加恳切。描绘这个细节的画作有《基督在橄榄山》和《基督在客西马尼》。

就在耶稣传道的时候，犹大走近耶稣，以对耶稣亲吻作为记号，暗示法利赛人和希律王的士兵，来抓走耶稣。得到暗示，士兵们立即蜂拥而上，周围的人一见事情不妙，纷纷逃跑，只有门徒彼得一人拔刀相助，还砍掉了士兵的一只耳朵。这时，耶稣制止了彼得的帮助，甘愿被捕，而且还当场治好了敌人的耳朵。乔托的《犹大之吻》，是这个题材最早期的优秀宗教画，画面中用刀砍掉士兵耳朵的是门徒彼得。而梅姆林的《耶稣受难》，则将这个情节的场景描绘得更加有临场感。

但是，敌人却一点也没有怜悯耶稣，还立即将他捆绑到当时的罗马巡抚彼拉多面前。祭司、文士、法利赛等贵族和上层人物，都到彼拉多那里去控告耶稣，包括

乔托《犹大之吻》，约1305~1306年，湿壁画，200厘米×183厘米。

最后的晚餐结束后的第二天早上，犹大就以对耶稣亲吻作为记号，暗示法利赛人和希律王的士兵，来抓走耶稣。画中用刀砍掉了士兵耳朵的是门徒彼得。

梅姆林《耶稣受难》，年代不详，木板、油彩，55厘米×90厘米。

画面中犹大一吻的暗示，引来法利赛人和希律王的士兵，他们蜂拥而至，抓走耶稣。

蒙卡奇《耶稣在彼拉多面前受审》，画布、油彩。

耶稣被捆绑到当时的罗马巡抚彼拉多面前，贵族上层人物控告耶稣，说耶稣诱惑人民、不让人民纳税给恺撒、在犹太传道、煽动百姓反对罗马帝国等。

丁托列托《伫立于彼拉多面前的耶稣》，约 1566～1567 年，画布、油彩，515 厘米 ×380 厘米。在这幅作品中，耶稣虽然以顺从的姿态伫立在彼拉多的面前，但他圣洁的光辉与强大的精神力量，依旧主导着现场所有的一切。

彭托莫《伫立于彼拉多面前的耶稣》，约 1523～1525 年，湿壁画，300 厘米 ×290 厘米。
这是画家为加卢左卡尔特修道院所画的壁画，画面中的人物的直线式构图，较无坚实感。

诱惑人民、不让人民纳税给恺撒、在犹太传道、煽动百姓反对罗马帝国等罪行。

他们又将耶稣押解到希律王那里，希律王要耶稣显灵，但耶稣闭口不言，后来他就被彼拉多处死了。《基督在彼拉多面前受审》就是以这个故事为题材创作的作品。在彭托莫、丁托列托的《伫立于彼拉多面前的耶稣》中，耶稣虽然以顺从的姿态伫立在彼拉多的面前，但他圣洁的光辉与强大的精神力量，依旧主导着现场所有的一切。而匈牙利画家蒙卡奇创作的《耶稣在彼拉多面前受审》画作，画面中，耶稣则淡然地聆听着那些人的恶意指控。

耶稣被捕后，犹大用出卖耶稣得来的三十块钱买了一块田，但当他去看田时，突然身体扑倒，肚子崩裂而暴死，后来，这块田就被称作“亚革大马”，意思是“血田”。

Jesus Mocked

戏弄耶稣

乱棒及拳头齐飞，耶稣被迫戴上荆冠、背负起沉重的十字架。

关于耶稣受难的故事，包括“戏弄耶稣”“预言彼得三次不认主”“公会堂前受审”“犯人求主纪念”等，这些题材都曾经被画家们描绘，但“戏弄耶稣”是整个悲剧中最感人的一幕。

耶稣被捕之后，被关在公会堂里，看守耶稣的人打他，又蒙住他的眼睛，叫他猜是谁在打他，以此来挖苦和侮辱这个会显现奇迹的人。被彼拉多判处死刑之后，士兵、文士、法利赛们就开始鞭打耶稣。为了讽刺他是犹太王，法利赛们用荆棘为他做了一顶冠冕戴在他的头上，揶揄着“恭喜”他成为犹太王，又给他穿上紫袍，押出去游街示众。

他们疯狂地谩骂和污蔑耶稣，但耶稣以最大的牺牲精神一一忍受下来了。博斯的《戴荆冠的基督》及《背负十字架的基督》、格吕内瓦尔德的《嘲弄基督》《耶稣背负十字架》、提香的《荆冠》、格列柯的《脱掉耶稣的外衣》等，都突显了耶稣受到侮辱的悲剧情节。画面中乱棒齐飞，无情地打在耶稣的身上，而围绕在耶稣周围的面目狰狞、奇丑无比的人，更将耶稣受

博斯《戴荆冠的基督》，约1500年，木板、油彩。

五名刽子手围绕在戴着荆冠的耶稣四周，他们粗鲁地脱掉耶稣的外衣，露出邪佞的表情。

博斯《戴上荆冠》，1490～1510 年，木板、油彩，72.5 厘米 ×58.5 厘米。

法利赛人将有刺的荆冠戴在耶稣头上，旁边的人则显现出揶揄与不屑的丑陋嘴脸。

博斯《背负十字架的基督》（局部），约 1500 年，木板、油彩，74 厘米 ×81 厘米。

被称为是“地狱里魔鬼肖像创造者”的画家博斯，将蜂拥而至逮捕耶稣的法利赛人和希律王的士兵，描绘得面目狰狞、丑陋无比。

格吕内瓦尔德《嘲弄基督》，1504～1505 年，画布、油彩，109 厘米 ×73.5 厘米。

看守者以布蒙住耶稣的眼睛、用绳子捆绑耶稣的双手，并揪着他的头发毒打。

格吕内瓦尔德《耶稣背负十字架》，1523～1525 年，画布、油彩，193 厘米 ×151 厘米。

画面中，背着十字架的耶稣遭受棍棒毒打，并被强迫游街示众。

难的情节衬托得十分逼真。西班牙画家格列柯于 1579 年为托莱多寺院圣器室创作的《脱掉耶稣的外衣》这幅作品，虽然是在重复文艺复兴时期画家们对于该主题的描绘，但以不同的形式诠释了耶稣受难的情节，即特意选择这个被执行钉刑之前的细节，加以渲染，从处理题材的角度来说，相当经典。画面中，被法利赛人和希律王的士兵逮捕的耶稣，被强迫脱掉红色长袍。画面后方黑压压的士兵与人群，将身穿红色长袍的耶稣形体，直接推向画面前方，带给观画者一种强烈的压迫感。

提香《荆冠》，约 1570 年，画布、油彩，280 厘米 ×182 厘米。

为了讽刺耶稣是犹太王，法利赛们用荆棘给他做了一顶冠冕戴在他头上，“恭喜”他成为犹太王，又给他穿上紫袍，押出去游街示众。

格列柯《脱掉耶稣的外衣》，1577～1579 年，画布、油彩，285 厘米 ×173 厘米。

耶稣被强迫脱掉红色长袍。画面后方黑压压的士兵与人群，将耶稣的形体推向画面前方，带给观画者一种强烈的压迫感。耶稣被钉之前的情节，在该主题中最令人心悸。

Crucifixion of Jesus

耶稣被钉十字架

一路上哭声惊天动地，这时连天地都变黑暗了。

耶稣被判处的是可耻的磔刑，即一种分裂犯人肢体的酷刑。耶稣被祭司、文士、法利赛、士兵们戏弄嘲笑、鞭打侮辱之后，直接被绑赴刑场。根据这个情节，佛兰德斯画家博斯创作了《背负十字架的基督》，画面中对祭司、文士、法利赛等的刻画，可谓集丑陋、古怪、狰狞的形象于大成，从这幅画中可以感受到当时人们对统治阶层的极度憎恨。

执法队伍押着耶稣走向刑场时，一个古利奈人西门被抓来为耶稣背十字架（但是在大多数的画作上，并不会画古利奈人西门背十字架的场景）。众百姓与耶稣的母亲、门徒和朋友们都在为他哀悼，一路上哭声惊天动地。

士兵们把耶稣押解到各各他山。这时，有两个也被处以磔刑的强盗，与耶稣同时被押解到刑场。刽子手们剥光了耶稣的衣服，将耶稣钉在十字架上，在他的头部上面的木架上还钉了一块牌子，上面写着“犹太王”，有一个士兵还在耶稣的胸部肋骨下刺了一刀。而两个强盗各被钉死在耶稣的左右方。

根据《新约》马太福音中的记载，耶稣是在正午被处刑的，据说，这时遍地都黑暗了，这样的黑暗持续了 3 个小时之久。与耶稣同时代的学者大普林尼的《自然史》中，有一章专门谈论日食，但并没有提到这一次日食的纪录。

这个题材通常有两种表现手法。第一种是描绘正在执行钉十字架的情节，如北方文艺复兴代表范德魏登的《十字架上的基督》、契马布耶的《基督的磔刑》和鲁本斯的《基督被处磔刑》，都描绘了处刑的情况。耶稣被钉在十字架上，是基督教标志性的主题，在宗教画、雕塑、彩绘玻璃、福音书，甚至任何一座基督教教堂中都有许许多多的精彩创作。

开近代创作此题材之先河的是高更的《黄色基督》。英国画家萨瑟兰则游移在

杜乔《钉刑图》，1308～1311 年，画布、油彩，102 厘米 ×76 厘米。

刽子手们剥光了耶稣的衣服，将耶稣钉在十字架上，而两个强盗各被钉死在耶稣的左右方。

范德魏登《十字架上的基督》，约 1440 年，画板、油彩，96 厘米 ×69 厘米（中），96 厘米 ×27 厘米（左、右）。

祭司、文士、法利赛、士兵们戏弄嘲笑耶稣，而当耶稣游街示众后，被直接绑赴刑场，准备执行分裂肢体的酷刑。

梅姆林《耶稣受难图》，年代不详，木板、油彩，78 厘米 ×63 厘米。

围绕在耶稣周围的是圣母玛丽亚、福音传教士圣约翰、抹大拉的玛利亚、施洗者圣约翰，以及另一名圣徒和当时的捐赠人。

格吕内瓦尔德《钉刑图》，约 1500～1508 年，木板、油彩，73 厘米 ×52.53 厘米。

画面中的耶稣，全身伤痕累累，在他身边围绕着圣母、圣女及圣徒们。抹大拉的玛丽亚紧紧抱着十字架，脸上露出绝望的神情。

高更《黄色基督》，1889 年，画布、油彩，92 厘米 ×73 厘米。

擅用色彩来创作的高更，对于色彩的运用自有其武断的见解。这幅作品是他参照特雷梅多教堂里的一座彩色耶稣受难画像画成的。

达利《圣·乔凡尼·德拉·克罗齐的基督》，约1951年，画布、油彩，205厘米×115厘米。
超现实主义画家达利大胆地以居上临下的构图方式，在加特港湾的背景下，创作了这幅令人心悸的作品。

达利《耶稣受难》，约1954年，画布、油彩，194.5厘米×124厘米。
这是达利最重要的宗教作品之一，因其构图，又被称为《极变立方体的耶稣》。这是一幅仰视的作品，其视角由披着繁复长袍的加拉来锁定，而光线始终在达利的作品中扮演关键角色。

抽象与具象之间，他的名作《基督的磔刑》被教会和信徒接受，并被置放在教堂里。超现实主义画家达利以居高临下与仰视的特殊构图方式，创作了令人心悸的《圣·乔凡尼·德拉·克罗齐的基督》与《耶稣受难》，而这两幅作品被陈列在美术馆里。

第二种描绘这个主题的创作，以士兵、群众、耶稣的亲人为背景，而耶稣和两个强盗已被钉在十字架上，但这种画不常见，经常被题名为《三个十字架》或《各各他》。杜乔的《钉刑图》就是其中的典型之作。

Descent from the Cross

耶稣被卸下十字架

他仰面向天大声呼号："父啊！我将灵魂交在你手里。"

耶稣被钉上十字架之后，看见赶来哀悼的母亲和门徒，就托付门徒约翰，请约翰好好照顾他的母亲，让她安度晚年。交代完毕，耶稣又仰面向天大声呼号：

"父啊！我将我的灵魂交在你手里。"

接着，耶稣就断气了。耶稣的朋友和信仰他的人，络绎不绝地到各各他山来追悼他。到了晚上，有一个名叫约瑟的亚利马太城议员，受众人之托，去求见彼拉多，请求彼拉多允许他们将耶稣的尸体埋葬。得到彼拉多的允许之后，他们就把耶稣葬入坟墓中。

耶稣被放下十字架的时候，据《圣经》记载，当时有议员约瑟、耶稣母亲、抹大拉的玛利亚、革罗罢的妻子玛利亚和信徒撒罗米等人在场（在一般的画上，3个玛利亚中，最亲近耶稣的是抹大拉的玛利亚，昏厥过去的是耶稣的母亲玛利亚）。

在描绘耶稣被放下十字架的题材时，画家们对画面的情节处理方式通常包括：一种是正在把耶稣的尸体从十字架上放下来；另一种是，耶稣的母亲一人对着耶稣的尸体悲痛万分，这种画又名"比哀他"（Pieta，即虔诚之意）。

这个主题的绘画作品非常多，杜乔的《卸下圣体》、乔托的《哀悼耶稣》、安吉利科修士的《耶稣被卸下十字架》、拉斐尔的《耶稣被卸下十字架》与《耶稣下葬图》、提香的《基督下葬》、布龙齐诺的《耶稣被卸下十字架》、卡拉瓦乔的《耶稣被放下十字架》、彭托莫的《耶稣入葬》、凡·戴克的《哀悼耶稣》、伦勃朗的《基督下十字架》、里贝拉的《圣殇图》、德国画家贝克曼的油画《耶稣被放下十字架》，以及米开朗基罗的经典雕塑《哀悼基督》都是颇负盛名的作品。

雕塑作品《哀悼基督》是米开朗基罗在22岁时完成的巨作。据说，当时在罗马圣彼得教堂展出时，有人怀疑这座杰出的群像不是出自刚进入美第奇美术学院的学

乔托《哀悼耶稣》，1305～1308 年，湿壁画，200 厘米 ×185 厘米。
画面中圣母抱着耶稣的身体，圣徒们围绕在四周，表情哀伤，空中则有无数飞翔的天使，做着各种表情。

生之手。为了消除人们的疑虑，米开朗基罗立即在座台上刻上了自己的名字。米开朗基罗临死之前，还以此题材创作了另外一座群像，可惜未完成就去世了。

从中世纪到文艺复兴时期，关于耶稣被卸下十字架的题材几乎是所有画家都会涉及的主题。杜乔的作品带着明显的哥特式风格。乔托的《哀悼耶稣》画面哀戚，圣母抱着耶稣的身体，圣徒们围绕在四周，表情哀伤，空中则有无数飞翔的天使，做着不同的表情，仿佛预示着基督即将复活。

安吉利科修士的《耶稣被卸下十字架》是一幅金碧辉煌的祭坛画作品，带着从

安吉利科修士《耶稣被卸下十字架》，1437 年，木板、蛋彩，176 厘米 ×185 厘米。
这幅金碧辉煌的祭坛画，带着从哥特式风格过渡到文艺复兴风格的痕迹，画面被精确地规划与安排，人物表情虽然稍显刻板，但场景与细节却描绘得十分细腻。

哥特式风格过渡到文艺复兴风格的痕迹，画面被精确地规划与安排，人物表情虽然稍显刻板，但场景与细节却描绘得十分细腻。布龙齐诺的《耶稣被卸下十字架》则使用非常精准的几何学的布局，画面中的人物几乎都是以两两对称的方式布置，带着矫饰主义过分苍白的典型风格，无论是人物之间的关联性，还是姿势的合理布局与风格的统一性，几乎都达到完美无缺的境地。

卡拉瓦乔的《耶稣被放下十字架》，是一幅令人难忘的作品，也是一幅充满动态感的佳作。后方高举着双手、呼天抢地的妇女，用力抱住耶稣双腿、面向着画面的

拉斐尔《耶稣被卸下十字架》，1507 年，木板、油彩，184 厘米 ×176 厘米。

拉斐尔对人物表情的描绘几近完美，从构图中可以发现，昏厥的圣母这个部分是后来不得已添加的场景。完整的构图应该只到右边抬起耶稣、身体向后微倾的那个人。

布龙齐诺《耶稣被卸下十字架》，1542～1545 年，木板、油彩，268 厘米 ×173 厘米。

布龙齐诺使用非常精准的几何学的布局，画面中的人物几乎都是以两两对称的方式布置，带着矫饰主义的风格。无论是人物之间的关联性，还是姿势的合理布局与风格的统一性，都达到完美无缺。

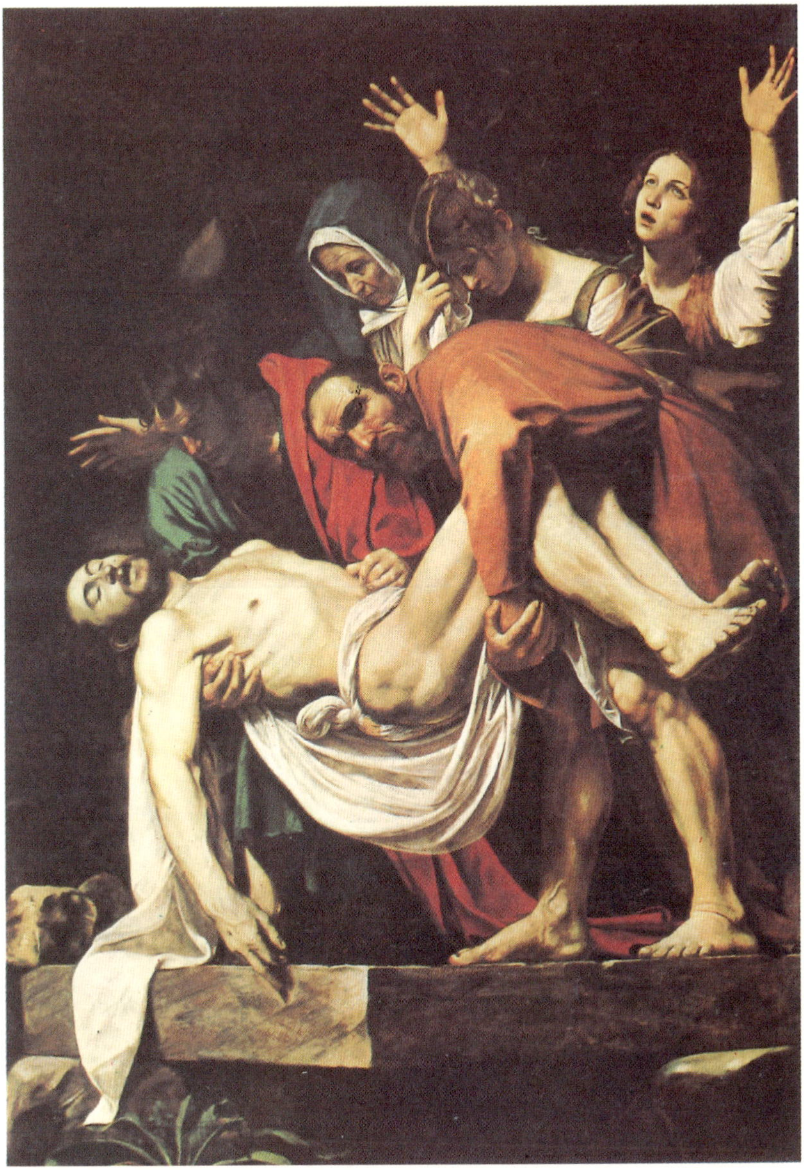

卡拉瓦乔《耶稣被放下十字架》，1602～1604 年，画布、油彩，300 厘米 ×203 厘米。

这是一幅令人难忘的作品，也是一幅充满动态感的佳作。后方高举着双手、呼天抢地的妇女，用力抱住耶稣双腿、面向着画面的满脸皱纹的老人，以及用手绢拭泪的少女、低头垂泪的圣母，全都有着强烈的情绪，深深感染着观画的人。

伦勃朗《基督下十字架》，约 1633 年，画板、油彩，90 厘米 ×65 厘米。

贝克曼《耶稣被放下十字架》，1917 年，151 厘米 ×129 厘米。

米开朗基罗《基督被卸下十字架》，画布、油彩，154 厘米 ×225 厘米。

被钉在十字架上的耶稣，仰面向天大声呼号："父啊！我将我的灵魂交在你手里。"接着，他就断气了。议员约瑟一行人把耶稣葬入坟墓。

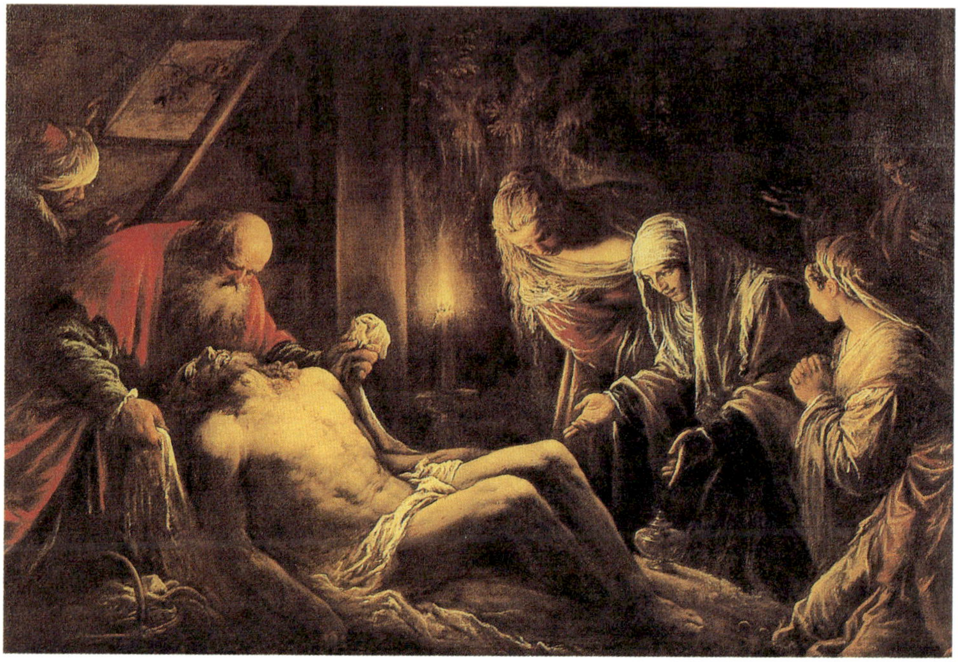

米开朗基罗《哀悼基督》，1498～1500 年，大理石，高 174 厘米。·

这是米开朗基罗在 22 岁时完成的巨作。据说，当时在罗马圣彼得教堂展出时，有人怀疑这座杰出的群像不是出自刚入美第奇美术学院的学生之手。

满脸皱纹的老人，以及用手绢拭泪的少女、低头垂泪的圣母，全都有着强烈的情绪，深深感染着观画的人。

Christ at Emmaus

基督在以马忤斯

耶稣复活、显神迹，与门徒共进晚餐。

根据《新约》四福音的说法，耶稣在死后的第三日又复活了。“基督在以马忤斯”说的就是基督复活的故事。

耶稣被埋葬之后的第三天，耶稣的母亲和抹大拉的玛利亚等妇女到耶稣的坟场，却发现他的尸体已经失踪。这时，突然出现一位天使，告诉她们说耶稣已经复活了。她们立即把这消息告诉了门徒们。但门徒们都不相信此事，以为是这些妇女悲伤过度所致，于是对她们劝慰一番后，就各自回家了。

彼得和革流巴（革流巴是不属于十二门徒之内的耶稣弟子）两位门徒，向距离耶路撒冷约有二十五里的以马忤斯村走去。复活后的耶稣，就出现在这两位门徒面前，与他们走在一起并和他们说话。但是，他们却看不出那个人就是耶稣。

到了以马忤斯村，已近黄昏，这两位门徒就留住耶稣，请他到家里吃晚饭。坐在席上，耶稣拿饼出来祝谢之后，就把饼递给彼得和革流巴，当他们刚拿到饼，就觉得眼前突然一亮，发现与他们同吃的人就是耶稣。

待他们再想看清楚时，耶稣已经不见了。两人亲眼见到了这个异象，又想到抹大拉的玛利亚和耶稣母亲对他们讲的话，便拔腿就往耶路撒冷跑去，找到其他门徒，告知大家这桩奇遇。

正说着，耶稣又亲自来了，大家很害怕，以为那是鬼魂。为了消除这个错误的判断，耶稣叫他们摸摸自己的身体，并给他们看手脚上被钉过的伤痕。大家这才确信耶稣复活了。

从被钉上十字架到升天，前后共三天，耶稣显现了两次，但在《约翰福音》中被延长了复活时间。此外，耶稣有一次还在提比里亚湖显现在门徒彼得面前，并为他捕捉了153条鱼的奇迹，杜乔的《耶稣在提比里亚湖显灵》就描绘了这个神奇的

弗朗切斯卡《耶稣复活》，1458～1463年，湿壁画，225厘米×200厘米。

画面中耶稣以神圣且主宰一切的姿态从坟墓中走出来，而靠着墓墙沉睡的卫兵，却浑然不觉。

杜乔《耶稣在提比里亚湖显灵》，1308～1311年，木板、蛋彩，36.5厘米×47.5厘米。

这幅作品画的是，耶稣在提比里亚湖显现在门徒彼得面前，并为他捕捉了153条鱼的传奇故事。

贝利尼《基督变容》，约 1480 年，湿壁画，115 厘米 ×150 厘米。

复活后的耶稣，出现在彼得与革流巴两位门徒面前，与他们走在一起并和他们说话。

拉斐尔《主显圣容》，1518～1520 年，木板、油彩，405 厘米 ×278 厘米。

画面中升空的是耶稣，两旁是摩西和以利亚，在他们下面的是目睹耶稣变容的彼得、雅各和约翰。画面下方是着了魔的少年、围着他的使徒和极想帮少年驱魔的女人。

委罗内塞《以马忤斯的晚餐》，1559～1560 年，画布、油彩，290 厘米 ×448 厘米。

这幅作品明显就是一幅受委托而订制的作品。主题虽然是在表现耶稣复活之后在以马忤斯与门徒共进晚餐，但画面中却出现了许多人物，他们携家带眷，穿着华丽的服饰，围观耶稣与门徒进餐，显得与主题非常不相称。

卡拉瓦乔《基督在以马忤斯的晚餐》，1600～1601 年，140 厘米 ×195 厘米。

耶稣在以马忤斯的门徒家里聚餐的情节，在卡拉瓦乔的画中被处理在一所陈设豪华的房子里，桌上满是珍馐佳肴，耶稣与两个门徒一起用餐。

伦勃朗《基督在以马忤斯》，约1630年，画布、油彩，39厘米×42厘米。
这幅画是荷兰贫民窟的生活写照。

故事。这是耶稣本人神话的终点。在绘画史中，针对耶稣最后一个创作的主题就是“耶稣升天”。

表现耶稣在以马忤斯的画作，一般有耶稣与两个门徒在以马忤斯的归途上的场景，以及耶稣在以马忤斯的门徒家里聚餐等两个情节。后者，一般都被处理在一所陈设豪华的房子里，桌上放满了珍馐佳肴，耶稣与两个门徒一起用餐。卡拉瓦乔的《基督在以马忤斯的晚餐》就是这么处理的。

比较奇特的是委罗内塞的《以马忤斯的晚餐》，这幅作品明显就是一幅受委托而订制的作品。主题虽然是在表现耶稣复活之后在以马忤斯与门徒共进晚餐，但画面中却出现了许多人物，他们携家带眷，穿着华丽的服饰，围观耶稣与门徒进餐，显得与主题非常不相称。

但在伦勃朗的《基督在以马忤斯》中，画家却把这次会餐安排在一个贫穷之人家里，连足够的口粮都成了问题，大家都露着苦相默默地等待着耶稣的饼。这应该是荷兰贫民窟的生活写照。

St. Peter

圣彼得

他声称自己是耶稣的仆人，不配与耶稣受同样的刑，而要求倒钉在十字架上。

耶稣死后，他的 11 位门徒继续行道。这些圣徒的事迹，也经常被画家们取材，其中以彼得的事迹最为典型。

彼得是耶稣门徒中年纪最大的一位。他一生侍奉耶稣，深受耶稣器重。彼得是约旦河畔的贫苦渔民，他与弟弟安德列一起跟随耶稣，跟耶稣学会了医术。我们有时看见宗教画上治病救人的场景，主人公并不全然是耶稣，有些是彼得。

卡拉瓦乔《圣彼得被钉上十字架》，1600~1601 年，画布、油彩，230 厘米 ×175 厘米。

在这幅作品中，卡拉瓦乔利用光线的特点，描绘圣彼得被倒钉在十字架上的情景。

卡拉瓦乔《圣彼得殉难》，1601 年，画布、油彩，230 厘米 ×175 厘米。

这幅画描绘了圣彼得被钉上十字架后，十字架要竖起来的场景。

米开朗基罗《圣彼得》，1545~1549 年，画布、油彩，625 厘米 ×662 厘米。

圣彼得以教会首领的罪名，被判钉死在十字架上。临刑时，他表明自己是耶稣的仆人，不配与耶稣受同样的刑，而要求倒钉在十字架上。

耶稣在客西马尼被捕时，彼得曾经挺身保护耶稣。彼得也曾犯过错误，耶稣被捕之后，在彼拉多统治者疯狂地镇压教徒时，彼得为了逃命，曾三次不认主。但在耶稣死后，彼得却表现出非凡的勇气，他不仅到处传道、治病救人，在被彼拉多捉住之后，更敢于站在被告席上，控告文士、法利赛、祭司们的罪恶，捍卫耶稣的事业。后来，他以教会首领的罪名，被判处钉死在十字架上。临刑时，他表明自己是耶稣的仆人，不配与耶稣受同样的刑，而要求倒钉在十字架上。

在反抗罗马当局对教会的迫害和坚持耶稣的真理方面，彼得是一个大智大勇的圣徒。关于他的画作很多，包括米开朗基罗的《圣彼得》、卡拉瓦乔的《圣彼得被钉上十字架》和《圣彼得殉难》等。在米开朗基罗的画作中，彼得被倒钉在十字架上时，还是一个敢于怒视彼拉多的英雄。在卡拉瓦乔的作品中，画家利用光线的特点，描绘圣彼得被倒钉在十字架上的情景。

Revelation

启示录

4个骑士向人间飞驰而来，消除一切罪恶。

在《新约全书》中，最后一篇的《启示录》，相传是约翰所写，为经书中的重要典籍。属于《启示录》的绘画主题，一般有《神秘的羔羊》(或名《揭七印》)、《启示录四骑士》等。

《启示录》是一篇隐喻极为奇特和古怪的讽刺文学作品。它讽刺了罗马帝国的统治，特别是把罗马史上最残暴的尼禄王讽喻成一个无恶不作的大淫王，又把基督徒、以色列人、受压迫者喻为无罪的羔羊，认为他们得到了上帝最大的恩典。

15世纪初的比利时画家凡·艾克创作的《神秘的羔羊》，在宗教画中极负盛名。故事说的是，约翰到了天上，看到一个宝座，宝座上放着一本神圣的书。约翰想要看它，但没有办法揭开书上的封印，所以看不到。约翰正在为此事烦恼时，宝座周围的一个长老劝约翰别烦恼，封印是能揭开的。

这时，宝座上便出现了一只羔羊，它有7只角和7只眼，象征耶和华的7个灵。这只羊拿起圣书，周围的4个"活物"和24个长老就跪下礼拜羔羊。长老对约翰说，只有这只羔羊才能揭开七封印。《神秘的羔羊》就是描绘24个长老礼拜羔羊的故事。

那只羊拿起圣书揭开第一印时，一个手执弓箭、骑着白马的骑士出现了。揭开第二印时，另一个骑士，骑着红马，手执大芟刀。揭开第三印时，一个手持天平的骑士骑在一匹黑马上。当羔羊揭开第四印的时候，一个名叫"死"的骑士，拿着一把大芟刀，骑在一匹灰色马上。

这4个骑士向人间飞驰而来，消除一切罪恶。德国画家丢勒曾经创作过一幅《启示录四骑士》的木刻版画，描绘的就是四骑士的故事。

有些画作，画面上有一个骑士(多作骷髅状)，手持大芟刀，纠缠着一个活人，

凡 · 艾克《神秘的羔羊》，1432 年，画板、油彩，135 厘米 ×235 厘米。

约翰到了天上，看到宝座上放着一本神圣的书。这时，宝座上出现了一只羔羊，24 个长老就跪下礼拜羔羊，他们对约翰说，只有这只羔羊才能揭开书上的七封印。

丢勒《启示录四骑士》，1498 年，木刻版画，40 厘米 × 28 厘米。

这 4 个骑士向人间飞驰而来，消除一切罪恶。

格列柯《揭开启示录的第五封印信》，1608～1614 年，画布、油彩，225 厘米 ×193 厘米。

这幅画描绘了圣约翰退隐到希腊的拔摩岛上，见到天堂与地狱时的情景。

米勒《死神与樵夫》，1859 年，画布、油彩，80 厘米 ×100 厘米。
有些画，画面上有一个骑士（多作骷髅状），手持大芟刀，纠缠着一个活人，这也是属于《启示录》的故事，或从启示录四骑士演绎出来的作品。

这也是属于《启示录》的故事，或从启示录四骑士演绎出来的作品。例如，格列柯的《揭开启示录的第五封印信》就描绘了圣约翰退隐到希腊的拔摩岛上，见到天堂与地狱时的情景。法国画家米勒的名作《死神与樵夫》也是关于启示录四骑士的画作。德国木刻家莱台尔，曾经创作过一套主题为“死的舞蹈”的连续木刻画作，即是以第四骑士为中心人物的启示录式的作品。

Last Judgement

最后的审判

当耶稣检阅生命册审判灵魂时，是罪人或是善人自有立判。

在基督教神话中，耶稣是神的儿子，在人间传道，被钉死之后升天，坐在宝座上审判人的灵魂。审判时，耶稣坐在大宝座上，在他前面，天和地都分开，再无一切阻拦，大大小小的死人都站在宝座前面。耶稣检阅生命册，死人受生命册的记载定案。罪人要入火湖，当作第二次死亡的惩罚（灵魂的死），而在世行善的好人，耶稣会把生命之水赐给他喝，让他的灵魂得到永生。

《最后的审判》，约 1250～1255 年，石雕。

法国布尔日大教堂的浮雕分三层，最上层是耶稣，中间一层又分左右两部分，正中拿天平的是天使长米迦勒，由他论善与恶，善者归左边入天国，恶者归右边打入地狱。

米开朗基罗《最后的审判》，1535～1541年，壁画，14米×12米。

鲁本斯《最后的审判》，1615～1616 年，画布、油彩，610 厘米 ×460 厘米。

关于这个题材的早期作品，要推中世纪教堂建筑上的雕塑或壁画。

法国布尔日大教堂的浮雕《最后的审判》，分三层，最上层是耶稣，中间一层又分成左右两部分，正中拿着天平的是天使长米迦勒，由他论断善与恶，善者归左边入天国，恶者归右边堕入地狱。下面一层是象征死而复活。这个浮雕约完成于13世纪末，是典型的中世纪式作品。

欧洲艺术史上最著名的《最后的审判》由米开朗基罗创作，他足足画了7年。正中间那个坚毅有力、公正不阿的耶稣，其实是米开朗基罗的精神肖像。为了创作这幅巨型壁画，画家积劳成疾，严重地损害了健康。巴洛克时期的代表画家鲁本斯，也画过多幅《最后的审判》。

罗丹《地狱之门》，1880～1917年，青铜，630厘米×400厘米×85厘米。

《地狱之门》属于恶的终结，从美术史角度来看，是宗教艺术登峰造极的硕果。

罗丹根据但丁《神曲》第三部《地狱篇》中的数十则故事（其中有意大利历史上若干悲壮惨烈的《尤戈利诺》《里米尼的弗兰切斯卡》等等，以及希腊神话故事），创作成巨型青铜雕塑《地狱之门》。在单体雕塑中最著名的是《沉思者》，它是人类善于思考、探索、创造深奥哲学思想的标志。《地狱之门》属于恶的终结，从美术史的角度来看，是宗教艺术登峰造极的硕果。